Título original: *Le Petit Champollion Illustré*
Traducción: Carlos Gómez González

Revisión técnica: Emma González Gil.
Fundació Arqueològica Clos, Museu Egipci de Barcelona

Proceso informático para la adaptación de textos jeroglíficos: Sergi Arbós Mauri.
Fundació Arqueològica Clos, Museu Egipci de Barcelona

1.ª edición: junio 2009

© 1994, Éditions Robert Laffont S. A., París
© de las fotografías : Institut Ramsès, 1994
© Ediciones B, S. A., 2009
  para el sello Zeta Bolsillo
  Bailén, 84 - 08009 Barcelona (España)
  www.edicionesb.com

Printed in Spain
ISBN: 978-84-9872-280-2
Depósito legal: B. 14.256-2009

Impreso por LIBERDÚPLEX, S.L.U.
Ctra. BV 2249 Km 7,4 Polígono Torrentfondo
08791 - Sant Llorenç d'Hortons (Barcelona)

El enigma de la piedra

CHRISTIAN JACQ

Introducción

EL PATO DE
LOS JEROGLÍFICOS

«Cuando el pato de los jeroglíficos os muerde —escribía Rougé, uno de los primeros egiptólogos franceses—, ya nunca más os suelta».

Este pato, que sirve para escribir la palabra «hijo», es efectivamente un ave tenaz, que tiene más de cinco milenios, pero cuya juventud ha permanecido inalterable puesto que continúa mordiendo a los amantes del antiguo Egipto y animando su pasión. En el lenguaje jeroglífico, ser mordido no es una frase vana.

Hace apenas cincuenta años, sólo algunos eruditos, considerados como personajes más bien raros, se interesaban por la lengua de los antiguos egipcios. En la actualidad el panorama ha cambiado mucho; la enseñanza de los jeroglíficos está garantizada en numerosos países, ya sea en la universidad o en cursos privados, y gran número de aficionados se entrega al juego del desciframiento, reviviendo la aventura apasionante de Champollion.

Este librito no tiene la pretensión de convertir a sus lectores en egiptólogos consumados ni en capacitarles para leer un papiro como si fuese el periódico; únicamente aspira a iniciarlos en el espíritu de los jeroglíficos e invitarlos a penetrar un poco en el interior de este universo fascinante.

Se necesitan muchos años de estudio para llegar a leer correctamente los jeroglíficos y descifrar los textos más difíciles, algunos de los cuales todavía guardan sus secretos y plantean no pocos enigmas.

Es posible no obstante comprender el funcionamiento de este sistema de escritura, y sobre todo compartir la visión del mundo de los antiguos egipcios, creadores de una civilización que puede ser considerada la madre de nuestra cultura. Nada más refrescante que un paseo por los jeroglíficos cuando estos signos comienzan a hablar. Nuestros queridos lectores pueden estar tranquilos: no encontrarán aquí un farragoso tratado gramatical. Nuestro propósito, mucho más modesto, consiste en presentar de la manera más accesible posible algunos elementos esenciales para poder identificar los jeroglíficos básicos. Un mini método de idiomas en el que el dibujo representará un papel fundamental, pues evidentemente los jeroglíficos se contemplan antes de leerlos.

Un poco de práctica permite familiarizarse con el pato y sus congéneres; a veces me sucede que, para precisar bien una idea, escribo primero en jeroglíficos y luego en francés... ¡y constato la superioridad del primer sistema sobre el segundo! Tener la idea, la imagen y el sonido en el mismo signo ¿no es disponer de un lenguaje completo?

Egipto fue una civilización jubilosa en la que predominó la alegría de vivir. Este librito no tiene otra pretensión que la de permitir a sus lectores «tener los jeroglíficos en la nariz», como dirían los antiguos egipcios, es decir, alegrarse con los jeroglíficos y disfrutar gracias a ellos.

Primera parte

AL ENCUENTRO DE LOS JEROGLÍFICOS

1. La epopeya del desciframiento

He perdido mis jeroglíficos
o
las angustias de Champollion

Antes de examinar un poco más de cerca el pato, trasladémonos a Egipto, más exactamente a Rosetta, en agosto de 1799. Bouchard, oficial de ingenieros del cuerpo expedicionario del general Bonaparte, desentierra en esta ciudad una piedra cubierta de inscripciones. Aunque el valeroso soldado fue incapaz de descifrar los textos que contenían un decreto redactado por los sacerdotes en honor al rey Ptolomeo V, datado el año 196 a.C., los eruditos constataron la presencia de tres antiguos sistemas de escritura: el griego, el demótico (utilizado en el Egipto de las postrimerías) y... el jeroglífico.

Inmediatamente surgió una hipótesis tentadora: ¿se trataba del mismo texto redactado en tres escrituras diferentes? En otras palabras, ¿se estaba ante la traducción griega de un texto escrito en jeroglíficos que, tras catorce siglos de silencio, finalmente permitiría encontrar la clave de su desciframiento?

En efecto, desde la conquista árabe del siglo VII d.C., la escritura jeroglífica era una gran muda. Ya nadie sabía leer aquellos signos extraños que se consideraban mágicos; en ellos se escondían, según los antiguos, los secretos de los sacerdotes.

En el siglo I d.C., Filón el Judío escribía:

Los discursos de los egipcios proporcionan una filo-
sofía que se expresa por medio de símbolos, filosofía que
revelan en las letras llamadas «sagradas».

En el siglo III d.C., el filósodo Plotino resaltaba:

Los sabios de Egipto daban prueba de una ciencia
consumada empleando signos simbólicos por medio de
los cuales, en cierto sentido, designan intuitivamente,
sin necesidad de recurrir a la palabra... Así pues, cada je-
roglífico constituía una especie de ciencia o de sabiduría.

Opiniones nada despreciables puesto que estos dos pensadores frecuentaban con asiduidad la biblioteca de Alejandría y posiblemente aún eran capaces de leer los jeroglíficos. ¿Acaso no se afirmaba que el gran Homero prefería esta lengua a cualquier otra?

Los primeros cristianos y algunos Padres de la Iglesia todavía testimonian una cierta admiración por los jeroglíficos; después, en el año 639, con la invasión árabe, una noche espesa cae sobre la tierra de los faraones. El cambio de lengua, de religión, de costumbres, la modificación de las maneras de pensar, son el resultado de la creación de un estado musulmán, de valores radicalmente opuestos a los de la antigua civilización egipcia.

¿Subsistió una tradición oral que permitió a unos pocos la lectura de los jeroglíficos? Es probable, pero no tenemos pruebas de ello. En cualquier caso, el capitán Bouchard, aunque fuese de ingenieros, no fue capaz de leer la «piedra de Rosetta». Tampoco los sabios de la expedición tuvieron éxito en la empresa.

No obstante, Francia acababa de descubrir el eslabón perdido, y todas las esperanzas estaban permitidas.

La alegría duró poco pues la expedición de Bonaparte, como es bien sabido, acabó en desastre militar después de que el general abandonara a sus hombres.

Los británicos aprovecharon la ocasión para apoderarse de Egipto... y de la piedra de Rosetta, que fue trasladada a Londres, al Museo Británico, donde reina, acompañada de la siguiente inscripción: *conquered by the British Armies* («conquistada por los ejércitos británicos»).

Pero no todo se había perdido, pues se habían hecho copias, que fueron estudiadas por unos cuantos investigadores.

En aquellos comienzos del siglo XIX fueron bastante numerosas las tentativas para descifrar los jeroglíficos. Tras el fracaso, a mediados del siglo XVIII, de Kircher, un jesuita alemán que pensaba que todos los jeroglíficos eran símbolos sin lectura fonética, muchos estaban convencidos de que los signos serían un enigma para siempre. Posteriormente renació la curiosidad; gracias a la piedra de Rosetta se desbordó la imaginación de algunos eruditos, en particular la del inglés Young, que logró descifrar algunos signos, aunque después topó con obstáculos insuperables. Entre los conquistadores de lo imposible destacó un francés, Jean-François Champollion.

Campollion, nacido el 23 de dicimenbre de 1790 en Figeac, se retrató a sí mismo en una de sus cartas, fechada el 24 de noviembre de 1828:

Soy todo para Egipto, y él es todo para mí.

Hombre predestinado, superdotado, envidiado y detestado por la mayoría de las autoridades «científicas» de su tiempo, trabajador incansable, dedicó toda su vida a una extraordinaria misión: encontrar la clave de la lectura de los jeroglíficos y resucitarlos.

Desde su infancia se entregó al estudio de varias lenguas muertas e incluso intentó aprender chino y persa. Pero su salud era mala, iba detrás del dinero y de un cargo oficial, y no tenía a su disposición los documentos originales que poseían algunos de sus rivales, incapaces de hacer uso de ellos.

Los momentos de desesperación no eran raros; Champollion no lograba descifrar sus jeroglíficos.

«¡Lo tengo!»
o
los jeroglíficos descifrados

París, 14 de septiembre de 1822.

El Instituto de Francia duerme; el hermano de Champollion trabaja en su despacho. Una jornada de erudito, como otras, gris, apagada, sin pasión.

De repente se abre la puerta.

Jean-François Champollion, completamente exaltado, no tiene tiempo para explicarse. Grita: «¡Lo tengo!» Y se desmaya.

La emoción ha sido tan intensa que permanece alterado durante varios días. Lejos de este mundo, se prepara para descifrar varios milenios de historia y civilización. Afortunadamente, los dioses no han permitido que François Champollion abandone esta tierra sin transmitirnos su visión, que descansaba sobre unos conocimientos considerables y un formidable fenómeno de videncia.

Incluso en nuestros días, uno se queda confundido ante la magnitud del descubrimiento. A pesar de los ordenadores, escrituras mucho más sencillas que la jeroglífica continúan siendo indescifrables. Y es un solo cerebro humano —diría más bien un solo corazón, tan grande era la comunión de Champollion con el objeto de sus estudios— el que logra levantar el velo, en el curso de una intuición fulgurante que sigue siendo un enigma.

Antes de Champollion, había dos grandes teorías.

Según la primera, los jeroglíficos no eran ni sonidos ni letras como los de nuestro alfabeto sino símbolos e imágenes. Por ejemplo, nuestro famoso pato es un pato, y tal vez simboliza otra cosa, ¿pero qué?

Con arreglo a la segunda teoría, cada jeroglífico es un sonido o una letra. Por ejemplo, nuestro pato sería una A, una B o una C, pero ¿cómo descubrir el equivalente fonético correcto?

Tomadas aisladamente, ninguna de las dos teorías era exacta: había que unirlas y superarlas. Es lo que resume Champollion en su *Carta al barón Dacier*, del 17 de septiembre de 1822, que en cierta manera es la partida de nacimiento de la lectura, nuevamente hallada, de los jeroglíficos:

Es un sistema complejo, una escritura a la vez figurativa, simbólica y fonética en un mismo texto, en una misma frase, casi diría en la misma palabra.

Genial, ciertamente, pero comparable al famoso $E = mc^2$ de Einstein, que se admira sin reservas aunque no se entiende nada.

Para verlo con mayor claridad, retomemos nuestro pato y examinémoslo de cerca, desde tres ángulos muy diferentes.

1. El aspecto general, la cabeza, el pico, el cuerpo, las patas, las cola... No cabe duda, el dibujo representa un pato.

Así pues, podemos traducir este signo por «pato»; en este caso, la escritura jeroglífica es una escritura figurativa.

2. Sin embargo, en determinadas frases es evidente que cuando aparece este signo no se está hablando de un «pato»; por ejemplo cuando el ave está asociada con el sol, en un epíteto relativo al faraón:

La traducción no es «pato del sol» sino «hijo del sol».

En este caso, el pato significa algo diferente de sí mismo, y se convierte en el símbolo del «hijo».

La escritura jeroglífica es entonces simbólica.

3. Este signo del pato es también un sonido, que no implica forzosamente la traducción «pato» o «hijo».

En este caso se trata de un sonido doble formado por:

S + A = SA. Este sonido SA puede servir para escribir otras palabras, no relacionadas con «pato» ni con «hijo».

Para intentar una vaga comparación con el castellano, tomemos dos palabras independientes, «sol» y «dado». Con ellas podemos formar una tercera palabra, «soldado», que sin embargo no guarda ninguna relación con las dos palabras independientes.

En este caso la escritura egipcia es fonética.

Por medio de estas tres maneras de estudiar el pato, se comprende mejor la genial ecuación de Champollion: ¡efectivamente el sistema jeroglífico es figurativo, simbólico y fonético en una misma palabra!

Podemos imaginar la alegría de Champollion durante su único viaje a Egipto, cuando al leer los auténticos monumentos constató la exactitud de su descubrimiento.

El 1 de enero de 1829, en Wadi Halfa, frente a la infranqueable segunda catarata del Nilo, escribe a Dacier estas palabras conmovedoras:

> *Ahora que he seguido el curso del Nilo desde su desembocadura hasta la segunda catarata, tengo el derecho de anunciarle que no hay nada que modificar en nuestra* Carta sobre el alfabeto de los jeroglíficos. *Nuestro alfabeto es bueno, se aplica con éxito a los monumentos egipcios de la época de los romanos y los Lágidas,[1] y además, lo que aún tiene mayor interés, a las inscripciones de todos los templos, palacios y tumbas de las épocas faraónicas.*

1. Los soberanos griegos que reinaron en Egipto.

Champollion, autor de una gramática, un diccionario, y un estudio sobre los dioses de Egipto, murió agotado el 4 de marzo de 1832, a los cuarenta y dos años.

Jamás se ensalzará suficientemente la gloria de este auténtico genio sin el cual el Egipto faraónico habría desaparecido por completo.

Champollion resucitó una sabiduría y una civilización inmensas. Pocos hombres en la historia han realizado una hazaña semejante.

Medinet Habu. Puerta monumental cubierta de jeroglíficos que comunicaba con el otro mundo.

2. ¡Sagrados jeroglíficos!

La palabra «jeroglífico» no es egipcia; se trata de un término griego formado por *hieros*, «sagrado», y *gluphein*, «grabar». En otras palabras, los griegos consideraron los jeroglíficos como una escritura sagrada y grabada, o bien como un grabado de lo sagrado, como así es.

Pero ¿cómo designaban los egipcios su propia lengua? Por medio de estos dos signos:

El primero, ⎮, es un bastón. Sirve para escribir las palabras «bastón» y «palabra».

El segundo, ⎰, es una tela que ondea al viento, en el extremo de un asta; este signo sirve para escribir la palabra «dios».

Estos signos, colocados en la fachada de los templos, anunciaban la presencia de la divinidad.

Así pues, para un egipcio, un jeroglífico es a la vez un «bastón de dios», sobre el que se puede apoyar en los momentos difíciles de la vida, y una «palabra de dios», que hay que saber entender.

Para facilitar una primera aproximación, hemos deformado un poco la expresión. En las inscripciones aparece de la siguiente forma:

Rameseum. Tot, el señor de los jeroglíficos, escribe los nombres del faraón. Página anterior.

¿Cómo explicar esta representación un tanto diferente?

⌐, «Dios», está colocado delante de ‖, «bastón», porque es el modo en que el escriba expresa su respeto hacia la divinidad, que debe ir en primer lugar.

Por lo que respecta a los tres trazos dispuestos de manera vertical, ⦙, simplemente son el indicador del plural y señalan que se tienen en cuenta todos los bastones, todas las palabras, es decir, todos los jeroglíficos.

por lo tanto se lee de este modo: *Dios, los bastones (o las palabras)*
que en castellano traducimos por:

las palabras de Dios = los jeroglíficos.[1]

1. Para los amantes de la fonética, ansiosos de quemar etapas, revelemos que ‖ corresponde a los tres sonidos M + D + U que forman la palabra MEDU (se intercala, de manera arbitraria, una *e* muda entre *m* y *d* para poder pronunciar la palabra) y que ⌐ también tiene tres sonidos N + T + R = NETER. Así pues, el conjunto se lee MEDU NETER, «las palabras de Dios», «los jeroglíficos».

El lector atento ya ha aprendido lo esencial puesto que conoce el nombre de la escritura sagrada de los antiguos egipcios; recordemos que la misma fue revelada por el dios Tot, con cabeza de ibis.

Si aparece de esta forma es porque el signo del ibis representa la idea de «encontrar». Basta con contemplar esta magnífica ave cuando se desplaza majestuosamente por un terreno pantanoso para constatar que encuentra su alimento dando un golpe seco y preciso con el pico.

Los antiguos sabios describían a Tot como el «corazón de la luz», la «lengua del creador», el escriba erudito capaz de redactar los anales de los dioses.

Cualquier escriba, antes de escribir, debía dirigir una oración a Tot; éste es un fragmento de la misma:

¡Oh, Tot, presérvame de las palabras vanas! Ponte detrás de mí por la mañana. Ven, tú que eres la palabra divina. Eres una dulce fuente para el viajero sediento del desierto. [Fuente] cegada para el hablador, que mana para el que sabe callar.

(Papiro Sallier 1, 8, 2-6)

¡No toquéis mis jeroglíficos, están vivos!

Todo indica que el latín y el griego son lenguas muertas. Éste no es el caso de los jeroglíficos.

Miremos un texto jeroglífico: está lleno de seres animados, hombres y mujeres en acción, aves, mamíferos, peces... Y recordemos que continúan actuando, de la misma manera que el pato.

Pierre Lacau, egiptólogo francés, ha escrito estas acertadas palabras:

A los ojos de un egipcio, cada imagen es un ser vivo, una realidad que actúa y que tiene un poder mágico y una eficacia propia. Ahora bien, todos los signos jeroglíficos son imágenes. En tanto que letras, tienen un valor de sonidos, pero como conservan con nitidez su forma precisa y definida, también conservan su poder de imagen.

Por ejemplo, el león tiene el valor fonético de RU, pero no por ello deja de ser un león, y en cierta manera conserva el poder de un león.

Los egipcios estaban tan convencidos de la eficacia de los signos jeroglíficos que en determinados textos tenían la precaución de cortar en dos a los leones y las serpientes para que no se hiciesen daño, o de clavar en el suelo a los reptiles peligrosos con cuchillos.

Así pues, en Egipto no os acerquéis demasiado a un muro cubierto de jeroglíficos, y sobre todo no los toquéis. Por un lado evitaréis deteriorarlos y por otro no despertaréis al león que duerme ni a la serpiente que hiberna.

La actitud correcta para acercarse a los jeroglíficos es el amor y el respeto; para los egipcios, sólo la palabra escrita garantizaba la inmortalidad. El buen hijo no era otro que la tablilla de escritura, y no existía mayor felicidad que la de grabar en el propio corazón los escritos de los sabios.

En Hermópolis, en el Egipto Medio, vivía uno de ellos llamado Petosiris, gran sacerdote de Tot, el señor de los jeroglíficos.

Cuando se visita su tumba, se pueden leer estas palabras:

Vivos que estáis sobre la tierra, que veréis esta morada de eternidad y que pasaréis delante de ella, venid, yo os guiaré por el camino de la vida. Si escucháis mis palabras, si observáis su sentido, esta actitud os será beneficiosa.

Atentos a este precioso consejo, aproximémonos un poco más a los jeroglíficos.

La escritura jeroglífica, una anciana dama muy joven

¿En qué época aparecieron los jeroglíficos? Resulta difícil dar una respuesta. Con frecuencia se cita la «paleta de Narmer» o la «maza del rey Escorpión», que conmemoran las victorias sobre las tinieblas de estos muy antiguos faraones que vivieron hacia 3200 a.C. No obstante, es probable que el sistema jeroglífico existiese con anterioridad; así pues, habría nacido hace más de cinco mil años.

Como señaló Champollion, «la escritura jeroglífica egipcia jamás se nos presenta en su estado de perfección, por muy antiguos que sean los textos en los que podamos estudiar».

De hecho, la escritura del Imperio Antiguo (hacia 3200-2270 a.C.), la de la época de las grandes pirámides, es de una extraordinaria belleza. Cada jeroglífico es una pequeña obra maestra realizada por las manos de consumados artesanos. La noción de progreso no se aplica a la escritura jeroglífica; perfecta desde sus orígenes, no conoció un proceso de perfeccionamiento. Cuando Egipto entró en decadencia, el grabado fue, aquí y allí, de menor calidad.

En los muros de los grandes templos grecorromanos, como Edfú, Dandara y Filas, todavía activos en los primeros siglos de nuestra era, se pueden ver ciertos jeroglíficos pesados, borrosos, en ocasiones poco legibles, como si la mano del escultor hubiese perdido su habilidad. Sin embargo, el funcionamiento de los jeroglíficos no ha cambiado.

Un hecho esencial: hasta su último suspiro, el Egipto faraónico conservó el «sistema» jeroglífico, centro de su pensamiento y de su civilización.

Un conocedor de la escritura jeroglífica, que hubiese vivido en el siglo IV de nuestra era, todavía habría podido leer y comprender los escritos redactados varios milenios antes; en cambio a nosotros nos resulta difícil leer el texto original de nuestros autores medievales.

La lengua hablada egipcia evolucionó considerablemente, como cualquier otra; en cambio los principios de los jeroglíficos permanecieron inalterables desde sus orígenes, lo que supuso un gran elemento de estabilidad, comparable a la institución faraónica, único régimen político de Egipto durante más de tres mil años, y que se impuso incluso a los invasores, ya fuesen hicsos, persas, griegos o romanos.

Al atacar los templos, fuente de la cultura jeroglífica, y al clausurarlos, en ocasiones mediante la violencia, los cristianos impidieron la práctica de la escritura sagrada. La conquista árabe trajo otra lengua, sin relación alguna con la de los jeroglíficos.

En nuestros días, todos estamos en situación de igualdad frente a los jeroglíficos. Sea uno europeo, asiático, africano, australiano o americano, hay que aprender los rudimentos de esta escritura de los dioses, puesto que nadie nace hablando la lengua de los jeroglíficos.

La situación era idéntica en el antiguo Egipto; en efecto, los antiguos egipcios hablaban una lengua cotidiana y vehicular que no era la de la escritura jeroglífica, la cual se presentaba como la cima de la cultura; para alcanzarla, había que realizar grandes esfuerzos. La lengua hablada de los antiguos egipcios murió y desapareció para siempre, pero los jeroglíficos sobrevivieron. Y esta escritura de los dioses, anciana dama muy digna, adquiere hoy el aspecto de una muchacha, en la medida en que es cortejada por un número cada vez mayor de enamorados que ven en ella encantos infinitos. Ciertamente, después de haber sido mordido por el pato, caen en brazos de la maravillosa Seshat, la hermosa diosa de la escritura, que se puede contemplar en los muros de los templos trazando jeroglíficos para la eternidad.

La última inscripción jeroglífica lleva la fecha del 24 de agosto de 394 d.C., bajo el reinado del emperador Teodosio. El templo de Filas, la «maravilla de Egipto», en el extremo sur del país, se cerró definitivamente en el año 551 d.C.

Habría que esperar al extraordinario descubrimiento de Champollion en 1822 para que nuevamente se pudiese escribir en jeroglíficos. En la actualidad, numerosos apasionados de los cinco continentes trazan estos signos e intentan traducirlos; incluso se están empezando a utilizar en la informática.

Al entrar en los ordenadores, los jeroglíficos atravesarán alegremente el cabo del tercer milenio.

¿Tiene esa escritura mágica el poder de regenerarse a sí misma?

De la misma manera que Isis resucita a Osiris, la escritura jeroglífica guarda el secreto de la inmortalidad.

Una gran dama muy atractiva, ciertamente.

3. ¿Cómo funciona?

En los jeroglíficos se encuentra de todo

¿Son los jeroglíficos una escritura sagrada? Ciertamente. Pero ¿qué es lo suficientemente sagrado para convertirse en «jeroglífico»? Todas las expresiones de la vida, responden los egipcios, desde la piedra hasta la estrella, pasando por el ser humano y el animal.

Como recalcaba Champollion, la ambición de los jeroglíficos es describir «todas las clases de seres que abarca la creación»; ésta es la razón por la que en los jeroglíficos podemos encontrar los cuerpos celestes, los diferentes aspectos de la naturaleza, las actividades humanas, los mamíferos, insectos, peces, vegetales, minerales, los tipos de construcción, los más diversos objetos, etc. El universo de los jeroglíficos abarca toda la realidad bajo sus múltiples rostros.

Los jeroglíficos anulan el tiempo. Estos signos permanecen al margen de las modas, inmutables, anclados en una apacible eternidad.

Poco importa el tamaño: algunos jeroglíficos son minúsculos, como cuando el escriba los traza sobre un papiro para escribir uno de los capítulos del *Libro de los muertos*; otros son gigantescos, como la gran pirámide de Queope (Keops), que es un monumental jeroglífico de piedra, aunque se olvide con frecuencia.

Como ya había comprendido Champollion, todo

es jeroglífico. En el antiguo Egipto, pintura, escultura, dibujo, arquitectura, sólo tienen un objetivo: encarnar la escritura jeroglífica, que se puede traducir por un templo entero, una estatua, un bajorrelieve, que son «frases de la gran escritura monumental».

Los soportes de la escritura son muy variados; los escribas escribían sobre piedra, sobre madera, sobre cuero y, claro está, sobre los famosos papiros. Aunque se conocen ciertos aspectos de la técnica de fabricación del papiro, nadie ha logrado recuperar su calidad y su color originales. Pensemos que algunos papiros, de apariencia tan frágil, han sobrevivido tres mil años.

En la época antigua había alrededor de setecientos cincuenta jeroglíficos. Este «sistema» de base permanecerá idéntico a sí mismo, sin sufrir modificaciones, y las imágenes serán fielmente transmitidas hasta el cierre de Filas, el último templo activo. El fenómeno es único; otras lenguas, como la china, también tuvieron en sus comienzos una escritura formada por «jeroglíficos», pero muy pronto éstos se esquematizaron hasta el punto de ser irreconocibles. Nada de esto sucedió con los jeroglíficos egipcios; en tanto que paralelamente se desarrollaba un tipo de escritura rápida, los jeroglíficos permanecían inmutables.

Nadie habría tenido la osadía de modificar estas formas sagradas, puesto que eran la propia vida.

El número de jeroglíficos fue aumentando con el tiempo; en el Imperio Nuevo, por ejemplo, se introdujo el jeroglífico del caballo, animal desconocido en Egipto en la época de las pirámides.

En el Egipto agonizante, el de los templos ptolemaicos, aparecen millares de signos.

Esta inflación se debe a que los sacerdotes, que todavía empleaban la antigua escritura sagrada, sabían que Egipto iba a morir; aislados, víctimas de la hostilidad creciente del ocupante, desarrollaron códigos, una criptografía y una escritura complejas, para disimular su pensamiento.

Los «juegos de signos» se multiplicaron, sin modificar los principios básicos. Esta abundancia de jeroglíficos era un último canto de cisne, patético y resplandeciente.

¡Por favor, su mejor perfil!

¡Ah, el perfil egipcio! ¡Qué no se habrá dicho sobre esta manera de representar a los seres en el arte egipcio! Presente en la publicidad y en el arte, el Egipto de perfil, aplastado como un lenguado, ha continuado desfilando, imperturbable, en el imaginario contemporáneo.

¿Están representados realmente los jeroglíficos de perfil? Pues sí. Desde el hombre sentado 𓀀 hasta la momia de pie 𓀾 , la mayor parte de los signos está efectivamente trazada de este modo. Según el escriba, constituye la mejor manera de restituir la realidad sin deformarla.

La mano del aprendiz de escriba se acostumbra muy pronto y ya ni siquiera piensa en ello. Al presentar su mejor perfil, ¿acaso no son los jeroglíficos más seductores?

Cabe formular una pregunta, digna de un concurso de televisión: ¿se representan de frente algunos jeroglíficos? La respuesta es afirmativa.

Tres ejemplos:

𓁶

la cara

𓅓

la lechuza

𓆣

el escarabajo (visto desde arriba)

Sobre todo el perfil, pero sin dogmatismos. Así pues, la cara no está prohibida.

Los jeroglíficos no tienen sentido

¿En qué sentido escribe usted? Qué pregunta más extraña. ¡Todo el mundo escribe de izquierda a derecha, claro está!

Una evidencia más de la que hay que desprenderse. Ciertas lenguas, como el árabe, se escriben de derecha a izquierda, lo que al parecer es menos cansado.

¿Y los jeroglíficos? ¡Mejor aún! Unas veces se escriben de derecha a izquierda, otras de izquierda a derecha, otras horizontalmente, y otras verticalmente.

Examinemos la situación de cerca, retomando nuestro pato, 🦆 , al que añadiremos una pierna, 🦵 .

Para escribir «el pato y la pierna», un escriba dispone de varias opciones.

1. →   🦆🦵

Por lo tanto, horizontalmente, y de izquierda a derecha.

La norma es simple: para leer la inscripción hay que *ir hacia los signos*, mirarlos de frente, puesto que los jeroglíficos, por su parte, están contemplando el comienzo del texto.

2. ←   🦵🦆

También horizontalmente, pero esta vez de derecha a izquierda.

3. →
   ↓   🦆
       🦵

De izquierda a derecha, y de arriba abajo.

4. 🦆 ←
   🦵 ↓

De derecha a izquierda, y de arriba abajo.

Una escritura en cuatro dimensiones. ¿Es posible imaginar algo mejor? De este modo el hemisferio cerebral derecho y el izquierdo funcionan a pleno rendimiento.

Para simplificar, en el presente libro nos limitaremos a satisfacer nuestras costumbres, escribiendo los jeroglíficos de izquierda a derecha. Tal vez los antiguos escribas no nos condenarían, aunque es posible que nos consideraran algo reductores.

La ortografía: un suplicio soslayado

Existe al menos un detalle que debería atraer a miles de aficionados a los jeroglíficos: la ausencia de ortografía. Con los jeroglíficos no existe el tormento insoportable de los dictados escolares.

Por fin, la libertad reencontrada, como en la buena y vieja lengua medieval.

Libertad relativa, se entiende, puesto que no se puede escribir una palabra en lugar de otra, pero cada término puede adoptar formas tan diversas que el escriba no tiene que recurrir al diccionario para verificar la ortografía de las palabras.

Tomemos un ejemplo. Para escribir la palabra «los vivos», formada a partir del jeroglífico ☥, la famosa «cruz con asas» o «clave de vida», el escriba puede escribir:

1. Lectura fonética de la palabra ANJU, que explicaremos más adelante.

y la lista no se agota aquí, sin que ninguna de estas formas constituya una falta de ortografía.

¡Ah, los tiempos felices de los jeroglíficos!

Otro detalle sorprendente: la ausencia de puntuación. No hay rastro de puntos ni de comas, es decir, no hay ningún signo exterior a los propios jeroglíficos. Es el primer rompecabezas del descifrador: ¿cómo separar las palabras, aislarlas unas de otras? ¿Cómo saber dónde comienzan o dónde terminan?

Existe un medio: localizar lo que se denomina un «determinativo», es decir, un jeroglífico que tiene un valor de símbolo y que está colocado al final de una palabra para indicar la categoría a la que pertenece.

Así ⌐, el rollo de papiro sellado, indica que la palabra a la que determina pertenece a la categoría de las ideas abstractas. Se puede estar seguro de que después de ⌐ comienza otra palabra.

Con la práctica, claro está, y con el conocimiento del vocabulario, se pueden identificar las diferentes palabras de un texto, aislarlas y establecer sus relaciones.

Valle de los Reyes, tumba de Rameses VI. El faraón, representado de perfil, realiza la ofrenda del fuego.

4. Un extraño alfabeto

Estamos en el umbral de la gran prueba: el descubrimiento del alfabeto jeroglífico, que nos reserva no pocas sorpresas.

Hubiésemos preferido evitar este esfuerzo de concentración y de memorización, pero todos los dioses de Egipto son formales: no hay más remedio que pasar por aquí.

Primeramente, una verdad simple: este alfabeto está compuesto sólo de consonantes y carece de vocales. ¿Por qué? Porque la consonante no se desgasta, en tanto que la vocal se modifica sin cesar debido a su pronunciación en la lengua hablada.

Por consiguiente, poseemos el aspecto intemporal, sólido, intangible de la escritura jeroglífica, pero jamás sabremos cómo se animaba dicha lengua por medio de las vocales y la pronunciación.

A priori, todo parece simple. Basta con conocer los jeroglíficos que corresponden a nuestro alfabeto.

Pero se presenta una dificultad: ciertas letras del alfabeto egipcio no tienen correspondencia con nuestro alfabeto, y a la inversa. Así pues, tenemos que hacer un esfuerzo de adaptación.

Examinemos cada una de las letras del alfabeto egipcio, en el orden que siguen los diccionarios y los léxicos utilizados por los egiptólogos:

A

Esta hermosa ave es un buitre, llamado «percnóptero». Durante la Edad Media se convertirá en un águila. El faraón, para subir al cielo, puede adoptar la forma de este buitre.

¡Pero si la A es una vocal!, se extrañará el lector.

Simple ilusión óptica.

En efecto, esta A no es nuestra vocal sino un alef, en otras palabras, una «consonante débil».

Ocurre lo mismo con las siguientes letras: I, Y, A, U.

A pesar de estos matices sutiles, nos contentaremos tranquilamente con leer este hermoso buitre percnóptero como si fuese una A, afirmando en voz alta y clara que esta A es una consonante.

I

Ésta es una caña florida, que leemos I (se trata de una yod, y no de nuestra vocal I).

Este jeroglífico representa el desarrollo de la vida, la naturaleza hecha visible.

Cuando aparecen dos cañas,

la lectura es: Y

Con dos pequeños trazos oblicuos obtenemos la misma lectura.

Y

El antebrazo extendido, con la palma de la mano abierta hacia el cielo representa la acción. Se lee A.

A

𓅱
U

El polluelo de codorniz, o una pequeña codorniz, equivale a un sonido U (que con frecuencia se escribe fonéticamente W, pero cuya pronunciación aproximada es U).

𓍢
U

La espiral, que es una de las expresiones más puras de la vida (imaginemos las galaxias espirales), es otro jeroglífico utilizado para representar el sonido U. Así pues, el mismo sonido tiene unas veces una forma animal (el polluelo de codorniz) y otras una forma geométrica (la espiral).

𓃀
B

La pierna recta y el pie se leen B.

𓊪
P

Este jeroglífico es un asiento, un soporte sólido, una base de estatua, a veces comparada con una piedra. Se lee P.

𓆑
F

La víbora cornuda es un jeroglífico de hermosa talla; la mordedura de este reptil es mortal. La víbora cornuda se lee F.

M

La lechuza, vista de frente, se lee M. Está en relación con la interioridad, sirve especialmente para escribir «en, lo que está dentro».

M

Otra manera de escribir el mismo sonido; este jeroglífico es la costilla de un animal.

N

Esta línea quebrada no es sólo la evocación del agua sino también de cualquier forma de energía. Por ejemplo, se ve salir este signo de las manos de las diosas que magnetizan a Osiris. Este jeroglífico se lee N.

N

Otra manera de escribir el mismo sonido, la corona roja del faraón, que se caracteriza por la presencia de una espiral.

R

Este jeroglífico representa la boca abierta. Se lee R.

H

Este jeroglífico es el plano de una construcción sencilla, seguramente un refugio de cañas en el campo. Se lee H.

H

Esta mecha de lino trenzado (donde se inscriben tres números: UNA mecha, DOS «patas» sobre las que reposa, TRES bucles) sirve para escribir un sonido que también se lee H. Se trata de una H enfática.

J

Todavía existen dudas sobre la naturaleza real de este jeroglífico: una placenta o un tamiz que elige, separa y conserva lo esencial. Corresponde al sonido CH del alemán (como en la palabra NACH) o al sonido J del castellano; se lee J.

J

Este es un vientre de animal, con las tetas y la cola. Se pronuncia como en la palabra alemana ICH y se puede transcribir como la letra castellana J.

S

El signo jeroglífico que representa un cerrojo corresponde al sonido S.

S

El tejido doblado, que con frecuencia llevan los grandes personajes, sirve también para escribir el sonido S.

simplificado en ⊏⊐

SH

Se trata de un depósito lleno de agua, que equivale al sonido CH del francés (por ejemplo en CHAT) o al sonido SH del inglés (por ejemplo en SHOW).

Q

Este jeroglífico representa una elevación de terreno (una duna, una colina); equivale al sonido Q.

K

Este signo es una cesta trenzada provista de una asa; es el sonido K.

G

El soporte de jarra corresponde al sonido G.

T

Este jeroglífico, en forma de semicírculo superior, probablemente representa una hogaza de pan; sirve para escribir el sonido T.

CH

Este signo es una cuerda para conducir animales; corresponde a un sonido que se puede transcribir CH (como en ACHUM).

D

La mano, con los dedos unidos, el pulgar encima, y la muñeca forman el signo que corresponde al sonido D.

DJ

La gran cobra, levantada sobre su cola, corresponde al sonido DJ, como en las palabras inglesas *jean* y *adjust*. No existe una correspondencia exacta en castellano; equivale aproximadamente a la pronunciación argentina de las letras *LL* e *Y*.

Jeroglífico	Sonido	Transcripción técnica utilizada por los egiptólogos (columna reservada a los futuros especialistas).
	A	ꜣ
	I	ỉ
	Y	y
	Y	y
	A	ꜥ
	U	w
	U	w
	B	b
	P	p
	F	f
	M	m
	M	m
	N	n
	N	n
	R	r
	H	h
	H	ḥ
	J	ḫ
	J	ẖ
	S	s
	S	s
	SH	š
	Q	ḳ
	K	k
	G	g
	T	t
	CH	ṯ
	D	d
	DJ	ḏ

*Los signos del alfabeto egipcio
y sus correspondencias fonéticas*

Correspondencias aproximadas entre el alfabeto castellano y el alfabeto egipcio

a		l	[1]
a		m	
b		n	
c		o	
ch		p	
d		q	
dj		r	
e	/	s	
f		sh	
g		t	
h		u	[2]
i		u	
j		v, w	/, /
k		y	

1. El león echado no es una letra del alfabeto «clásico», pero sabemos, por textos tardíos, que este signo jeroglífico era utilizado para transcribir el sonido L.

2. Cabe hacer el mismo comentario que para el león recostado.

42

Un sonido, dos sonidos, tres sonidos...

Con nuestro «alfabeto», hemos descubierto una norma bastante satisfactoria:

un jeroglífico = un sonido.

Pero los futuros escribas ya se habrán dado cuenta sin duda de que sólo conocemos veintiocho jeroglíficos. ¿Qué sucede con los demás?

Es muy simple, por decirlo de alguna manera. Los demás jeroglíficos no corresponden a un sonido sino a DOS SONIDOS, TRES SONIDOS, CUATRO SONIDOS, o más.

Tomemos el ojo, por ejemplo:

No es una letra del alfabeto, no corresponde a un sonido, sino a DOS SONIDOS, y se lee IR.

Podemos descomponer la palabra utilizando las letras del alfabeto:

IR   =   I   +   R

Por amabilidad y para facilitarnos la lectura, el escriba puede descomponer la palabra e indicarnos sus «componentes» alfabéticos:

I   +   R   =   IR (y no IRIR)

Retomemos un jeroglífico que ya nos es familiar, «la clave de vida» o «la cruz con asas»:

Corresponde a tres sonidos, de ahí la lectura ANJ, que se descompone en A + N + J.

A veces el escriba puede descomponer la palabra e indicarnos sus componentes fonéticos, lo que nos evita cualquier esfuerzo de memoria si conocemos bien nuestro alfabeto:

Desgraciadamente, en numerosos textos, el escriba considera que debemos conocer no sólo el alfabeto sino también la lectura de otros muchos signos que equivalen a dos o tres sonidos.

Ésta es la razón por la que los estudiantes de egiptología deben aprender de memoria, y con mucha paciencia y perseverancia, largas listas de signos con sus correspondencias fonéticas.

Saqqara. En esta inscripción, los jeroglíficos están dispuestos en columnas verticales. Se lee de derecha a izquierda, yendo al encuentro de los signos.

5. Donde se aborda la cópula y se descubre que nuestras palabras más corrientes no son jeroglíficos

Ser y tener: desconocidos para los jeroglíficos

Dos de las palabras más utilizadas en castellano son «ser» y «tener», y sus diversas formas. Están tan presentes, son tan indispensables, que nos parece imposible prescindir de ellas.

Sin embargo, los jeroglíficos no han ofrecido un lugar muy destacado a nuestras dos estrellas.

Por lo que se refiere a «tener», la situación es simple: este verbo no existe en los jeroglíficos. Sin embargo, la noción de «posesión», de «pertenencia», puede ser formulada de diversas maneras. Si resulta imposible traducir, palabra por palabra, en jeroglíficos, «ella tiene una casa», se dirá «casa, su»; «casa, de ella», etc., con más matices que en castellano.

Con relación a «ser», la situación es un poco menos desesperada. En jeroglíficos no se dirá «yo soy, tú eres», sino «yo vivo» o «yo existo», según el grado de «ser» sobre el que se quiera insistir.

No obstante, existe una cópula.
¡Que nadie deje volar la imaginación! Tomemos la

última edición (1992) del diccionario de la Real Academia Española:

«CÓPULA. f. Atadura, ligamiento de una cosa con otra. // 2. Acción de copular.»

Pero no son estas dos acepciones las que nos interesan sino la que pertenece al ámbito de la lógica.

«Término que une el predicado con el sujeto.»

Esta cópula sí existe realmente en la escritura jeroglífica.

Se trata de la palabra:

formada por dos letras del alfabeto,

I   +   U   =   IU

No se trata por consiguiente del verbo «ser», en el sentido propio, sino de un instrumento de unión, como en la frase: «La flor ESTÁ en el campo», en la que empleamos «ESTÁ» por comodidad, pues la podríamos sustituir por «se encuentra», «crece», «se abre», etc.

Sí y no, bueno y malo

Hay que buscar mucho para encontrar en los jeroglíficos palabras que se puedan traducir por nuestro «sí» y nuestro «no», que empleamos con tanta frecuencia. Los egipcios no se expresaban por medio del «sí» o del «no».

Preferían decir:

«Hago esto» o «No hago esto».

Y

puede traducirse por «seguramente, sí», pero no es una palabra frecuente.

N, NEN

Este jeroglífico (los dos brazos extendidos en señal de impotencia) podría traducirse por «no», pero su verdadero sentido equivale a la fórmula francesa «ne... pas», y el término es frecuente para negar una frase desarrollada.

Ni sí ni no, sino más bien el hecho realizado o no realizado, tal es la posición egipcia.

Por el contrario, las palabras para designar «bueno» y «malo» son frecuentes y se emplean cargadas de sentido; por ejemplo, cuando se trata de precisar si el significado de un sueño ha sido positivo o negativo.

NEFER

bueno, bien

El signo representa la tráquea y el sistema corazón-pulmones.

DJU

malo

El signo representa un montículo en el desierto, un lugar árido y desolado donde merodean las fuerzas peligrosas o nefastas.

Segunda parte

UNA VIDA
EN
JEROGLÍFICOS

6. ¿Qué es la vida?

La vida es un espejo
y una correa de sandalia

El más célebre de los jeroglíficos egipcios parece ser la «clave de vida» o la «cruz con asas», que ya conocemos:

ANJ
la vida

¿Por qué simbolizaron los sabios de Egipto la vida de esta manera? En otras palabras, ¿qué representa este jeroglífico?
☥ es un espejo de cobre, considerado como un metal celeste que «captura» la luz. El espejo, objeto ritual, está relacionado con Hathor, diosa de las estrellas y el amor universal.
☥ es también una correa de sandalia vista desde arriba.

Con relación a esto, una anécdota: durante una conversación con el célebre físico Fritjof Capra, éste me preguntó de qué manera definía la vida Egipto. Le hablé de la correa de sandalia, el ANJ, y pude constatar su asombro.

Me expuso una teoría reciente, elaborada por los físicos para intentar aprehender el fenómeno «vida».

Karnak. El faraón, arrodillado, hace una ofrenda a Amón y recibe la vida de manos del dios. Página anterior.

Dicha teoría se resumía con el nombre de *bootstrap*... la «correa de sandalia».

Los egipcios concebían la vida, ANJ, como un poder capaz de retener la luz del origen y, en el mundo de los hombres, como una facultad de «dar camino a los pies», según la bella expresión empleada en los textos, a condición de tener buen calzado y atar bien la correa.

☥ , ANJ, también sirve para escribir las siguientes palabras:

— «el ojo divino», pues es este ojo el que da la vida;

— «el trigo», puesto que es el alimento vital;

— «la corona de flores», «el ramo», expresiones admirables de la vida;

— «el bloque de piedra», puesto que el mismo representa la estabilidad de la vida;

— «la cabra», pues es el animal que se sostiene con muy poco.

El signo ☥ , ANJ, también es utilizado para la noción de «juramento», puesto que dar la palabra es comprometerse de por vida; traicionar esa palabra, es perder la vida.

Citemos, finalmente, esta palabra sorprendente:

Está compuesta por dos signos ANJ y por dos orejas de vaca. Se lee sencillamente «los vivos», y se traduce por «las orejas», perdiendo el sabor del término y el verdadero significado que le dieron los egipcios.

En efecto, los antiguos sabios quisieron indicarnos que la vida penetra en nosotros a través de las orejas. Si están abiertas y son perceptivas, vivimos; si nuestras orejas están cerradas, somos incapaces de vivir bien.

Recordemos las palabras del gran sabio Ptahhotep:

Cuando la escucha es buena, la palabra es buena,
el que escucha es señor de lo que es provechoso,
escuchar es provechoso al que escucha.

Escuchar es lo mejor,
(así) nace el amor perfecto.[1]

1. Christian Jacq, *L'Enseignement du sage Ptahhotep*, Éditions de la Maison de Vie, 1993, pág. 151.

Comenzar a vivir, para el antiguo Egipto, era saber escuchar, aprender a escuchar; después, saber caminar y moverse (la correa de sandalia) y, finalmente, ser el espejo que capta la luz celeste.

La existencia es una flor
y una liebre

«La vida no es una existencia», ha escrito un humorista. Egipto no niega esta afirmación. Para «existir», vivir la vida sobre esta tierra, Egipto utiliza dos jeroglíficos, uno vegetal y otro animal:

⚘ , la flor
UN
existir

🐇 , la liebre
UN
existir

Los antiguos egipcios sentían pasión por las flores; los muros de los templos evocan con frecuencia la ofrenda de flores a las divinidades; numerosas pinturas representan ramos realizados con gusto.

¿Acaso el sueño de cualquier egipcio no era poseer un jardín florido?

Por lo demás, el antiguo Egipto fue un auténtico jardín, constantemente regado y cuidado; basta con mirar los bajorrelieves de las tumbas para apreciar la frondosidad y la belleza de los paisajes. Acianos, mandrágoras, lises y otras maravillas rivalizan en encanto, ofreciendo al mismo tiempo sustancias vitales, indispensables para la preparación de medicamentos.

Sí, la existencia es una flor abierta.

Pero también es una liebre de grandes orejas. Volvemos a encontrar la idea de la capacidad de escucha, a la que se añade la noción de reproducción, puesto que es famoso el carácter prolífico de este animal.

La liebre es el símbolo del dios Osiris, muerto y resucitado. Al escribir el jeroglífico de la liebre, UN, «existir», el escriba evoca de una manera sutil la inmortalidad de Osiris, que después de haber sido asesinado por su hermano Set fue desmembrado y a continuación reconstituido gracias a los esfuerzos de su esposa, la gran maga Isis.

Uno de los nombres más frecuentes de Osiris es:

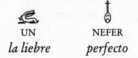

UN	NEFER
la liebre	*perfecto*

expresión que con frecuencia se traduce por «el ser bueno», «aquel cuya existencia se regenera».

Ahora podemos comprender por qué cada egipcio deseaba convertirse en Osiris: para que su existencia, si había sido justa y buena, fuese transformada en eternidad.

Valle de los Reyes, tumba de Tutmosis III. El halcón Horus, símbolo del rey que debe unir el Alto y el Bajo Egipto, se encuentra en medio de una serpiente de dos cabezas, que llevan precisamente las coronas que simbolizan las dos regiones del país. Cerca de la serpiente con la corona roja del Bajo Egipto se puede ver una «clave de la vida».

7. Encuentro con el faraón

El faraón, «la gran morada»

La palabra «faraón» procede directamente del egipcio:

PER
morada

AA
grande

El jeroglífico ⬜, PER, representa el plano simplificado de una propiedad, de ahí el sentido de «casa, morada»; el jeroglífico 𐌎, AA, representa una columna, cuyo significado, en este caso, es «grande».

Tanis. Dos designaciones del faraón en jeroglíficos: «el del junco» y «el de la abeja».

Esta expresión indica que el faraón no era concebido como un simple hombre político, un individuo que ejercía el poder, sino como una entidad simbólica, una «gran morada», un «gran templo», cuya función era acoger en su seno a la totalidad de los individuos y el pueblo de Egipto, de los que el faraón era el refugio protector.

En las últimas inscripciones jeroglíficas, cuando ya no reinaba ningún faraón en Egipto y no era posible escribir el nombre de un monarca reinante, los grabadores se contentaban con inscribir en la piedra ⬜𐌎, PER AA, «la gran morada», nombre genérico y simbólico de todos los faraones.

El faraón es un junco
y una abeja

Al visitar los monumentos egipcios se advertirá la frecuencia de dos expresiones jeroglíficas:

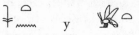

Una y otra designan al faraón. Examinémoslas de cerca:

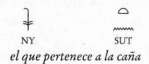

NY   SUT
el que pertenece a la caña

La expresión es compleja. ¡Han hecho falta varias generaciones de egiptólogos para poderla descifrar correctamente! ⸗ es la caña SUT, que equivale a tres sonidos (⎮ S + 🐍 U + ⌓ T = SUT, la ⌓, T, está inscrita junto a la ⸗ para facilitar nuestra lectura).

Ꟁ es una... abreviatura trampa que se lee N (Y) y que significa «aquel que pertenece a», «aquel que está en relación con».

Dado el orden de los jeroglíficos, durante mucho tiempo se leyó SUTEN, pero un estudio más profundo demostró que se debía leer N (Y) SUT, «aquel que pertenece a la caña», estando situada la palabra «caña» al principio para subrayar su importancia.

El faraón es «el de la caña». Se asimila a un vegetal particularmente útil, puesto que la caña, el junco, el papiro (todas estas plantas se asimilan a dicho símbolo), permitían elaborar gran número de objetos, desde el soporte de la escritura que empleaban los escribas hasta las más humildes sandalias.

En esta perspectiva, el faraón no es sólo una caña pensante, sino también un material indispensable, cada uno de cuyos aspectos es útil a su pueblo.

BIT

el de la abeja[1]

Dicha designación asimila el rey de Egipto a esta criatura extraordinaria: la abeja construye su vivienda según leyes geométricas rigurosas, observa una jerarquía inamovible y se comporta como un verdadero alquimista que produce el oro líquido, la miel. Además, permite que existan las flores; si la abeja desapareciese, también ellas desaparecerían. Ahora bien, recordemos que ⚘, la flor, significa UN, «existir». Gracias al faraón-abeja es posible la existencia.

Ya se trate de la famosa «jalea real», que contiene un extraordinario potencial energético, o de la miel, los productos de la colmena y del trabajo de la abeja se consideraban raros en Egipto y tenían un precio elevado. Contrariamente a una idea extendida, los egipcios no endulzaban sus alimentos con miel sino con jugos de frutas (en particular el dátil y la algarroba).

La miel sólo se consumía en circunstancias excepcionales, y se utilizaba mucho en medicina; un estudio reciente ha demostrado sus sorprendentes cualidades antisépticas y cicatrizantes. El faraón-abeja es el sanador de su pueblo, el que se ocupa de su salud.

La misma raíz, BIT, «la abeja», sirve también para escribir «la buena acción», «el buen carácter», «el ser de calidad». ¿No se describe así a un buen faraón?

«El de la caña» designa al faraón en tanto que rey del Sur, es decir, del Alto Egipto, que lleva la corona blanca, ⃥.

«El de la abeja» designa al faraón en tanto que rey del Norte, es decir, del Bajo Egipto, que lleva la corona roja, ⃥.

El papel del faraón es el de unir el Sur y el Norte, llevar el conjunto de las dos coronas, que encajan una en la otra y cuya forma más corriente es ⃥.

Las dos coronas así unidas son «las dos potencias»,

1. La lectura completa de la palabra es *bity*.

PA-SEJEMTY, término transcrito por PSENT, que ha figurado en algunos diccionarios, pero que no ha logrado entrar a formar parte de la lengua coloquial.

El faraón, V.S.F.

El nuestro es un siglo de siglas; el egiptólogo no escapa a esta norma.

En numerosas obras, más o menos eruditas, se descubre detrás del nombre de los faraones, las tres letras V.S.F.

Para el no iniciado, es como si fuera chino.

En ocasiones, una nota aclara que se trata de una abreviatura de «vida, salud, fuerza», antigua traducción que ratifica una aproximación discutible.

¿Qué dicen los jeroglíficos?

☥ , ANJ, como ya sabemos, significa «vida»;

, UDJA (un dispositivo para producir fuego), significa «intacto, sano y salvo, próspero»;

es la abreviatura de , SENEB, «en buena salud».

Son los tres votos que se dirigen al faraón para que disponga permanentemente de estas tres cualidades indispensables para reinar bien: vida, prosperidad, salud.

También se le desea

DI	ANJ	RE	MI	DJET
Que sea dotado de	*vida,*	*como Re,*		*eternamente*

Los jeroglíficos dicen «Re como», y no «como Re», por respeto al dios de la luz, Re, que debe colocarse delante de la preposición «como».

El faraón, señor y servidor

El faraón es el señor de Egipto, su soberano indiscutible, porque ha colocado en su corazón a Maat, la regla de vida y el equilibrio del universo, de manera que su modo de gobernar no desemboque en una tiranía. Un jeroglífico resume esta idea:

HEQA
gobernar

es el bastón de pastor, su cayado, que utiliza constantemente para guiar el rebaño e impedir que se pierda algún animal. Mucho antes de Cristo el faraón fue calificado de «buen pastor». El símbolo fue transmitido a la Europa medieval, donde se transformó en el báculo de los obispos.

Pero uno de los términos que más frecuentemente designan al faraón es:

HEM
el servidor

es una estaca que encarna la idea de verticalidad, de rectitud, de eje, de estabilidad. Habitualmente, los egiptólogos traducen HEM por «majestad», pero el verdadero sentido de la palabra es «servidor». Esta misma palabra también ha sido traducida frecuentemente y de modo equivocado por «esclavo».

El faraón es el HEM por excelencia, el primer servidor de su pueblo, el único ser cuyo deber es servir de manera permanente. Tal era el sentido grandioso de la monarquía egipcia: el que cumplía esta función debía servir... y no servirse de ella.

HEM se utiliza en una expresión muy frecuente:

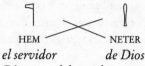

HEM ———— NETER

el servidor   *de Dios*

(NETER, «Dios», va delante de HEM, «servidor», por respeto.)

En la mayor parte de las obras, esta expresión, «servidor de Dios», se traduce por «sacerdote», lo que limita su significado. Ahora bien, el único HEM NETER de Egipto, el único «servidor de Dios» habilitado para oficiar en los templos es el propio faraón. Durante los rituales, la imagen del faraón desciende de los muros del santuario y se encarna temporalmente en el cuerpo de un sacerdote.

La sociedad egipcia fue, ciertamente, una sociedad de servicio.

El faraón constructor

Unos pocos días de viaje por Egipto bastan para constatar que los faraones construyeron muchísimas moradas en las que residían los dioses. Aunque el noventa por ciento de los templos haya sido destruido, lo que ha sobrevivido nos deja estupefactos.

El faraón, ya lo hemos visto, es PER AA, «la gran morada» o «el gran templo». Por lo tanto, él mismo es un edificio, y uno de sus principales deberes es el de:

IR   MENU

crear   *monumentos*

expresión que frecuentemente se ve sobre los muros de los templos, de manera particular en Karnak.

👁, el ojo, se lee IR, «crear, hacer».

▱, el damero con sus casillas, se lee MEN.

○○○ , las tres vasijas, sirven para indicar el plural de la palabra, pero también hacen un juego de palabras con NU «la energía primordial», puesto que los templos construidos por el rey sirven de receptáculo a dicha energía.

En la palabra MENU, «monumentos», se encuentra la raíz MEN (también presente en el nombre del dios Amón), cuyo sentido es «ser estable, bien plantado, duradero»: tales son, en efecto, las características de los monumentos levantados por el faraón.

Identifiquemos tres tipos de monumentos célebres:

HUT
el templo

Se trata de un plano, en forma de rectángulo, con una puerta de acceso al recinto.

MER
la pirámide

TEJEN
el obelisco

Cartuchos que dan la vida

En egiptología, el cartucho no es un objeto que da la muerte, sino la vida. El cartucho es una cuerda dispuesta en forma ovalada y que está cerrada con un nudo:

En este cartucho (que se lee SHEN) se inscribe el nombre del faraón.

Detalle importante, el cartucho es extensible; cuanto más largo es el nombre del rey, más se alarga el cartucho.

El signo simboliza el circuito del cosmos sobre el que reina el faraón; he aquí una respuesta egipcia a las angustias de los físicos que se preguntan si el universo es finito o se expande. En efecto, el cartucho es de geometría variable, en función del número de jeroglíficos que componen el nombre del rey.

Estos cartuchos representaron un papel determinante en el proceso de desciframiento; por supuesto, habían llamado la atención de Champollion, que conocía la transcripción griega de los nombres de determinados faraones. Así consiguió aislar ciertas letras, descifrarlas y verificar su utilización en otras palabras.

Por una vez, los cartuchos devolvieron la vida a los muertos.

Un Quién es Quién faraónico

Algunos faraones son «inevitables», como se dice hoy en día. He aquí los nombres de estas figuras estelares de la historia egipcia.

JUFU = Queope

1. Abreviatura de UI.

JU	F	U[1]
proteja	*él*	*me*

= «Que él [el dios] me proteja.»

JAFRE = Quefrén

⊙	◠	⌇
RE	JA	F

= JA F RA[1]

Re se levante él

«Que él se levante, Re.»

1. El dios Re se colocaba en primer lugar por respeto.

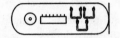

MENKAURE = Micerino

⊙	▭	山山
RE	MEN	KAU = MEN KAU RE

Re es estable el poder

= «El poder de Re es estable.»

HAT-SHEPESUT = Hatshepsut

HAT	SHEPESUT

= «La primera de las nobles»

(o aquella que está a la cabeza de las venerables).

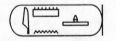

IMEN HOTEP = Amenhotep[2]

IMEN	HOTEP

Amón está en paz

(el dios oculto)

2. El nombre es Amenhotep y no Amenofis, que tiene otro significado.

T<small>UT</small>-<small>ANJ</small>-<small>AMON</small> = Tutankhamón

1. Amón colocado en primer lugar por respeto.

IMEN	TUT	ANJ = TUT ANJ AMON[1]
Amón	*símbolo*	*vivo de*

= «Símbolo vivo de Amón (el oculto).»

H<small>OR</small>-<small>EM</small>-<small>HEB</small>=Horemheb

HOR	M	HEB
Horus	*en*	*fiesta*

= «Horus está en fiesta.»

R<small>E</small>-<small>MES</small>-<small>SU</small> = Rameses

RE	MES	SU
Re	*es el que me ha engendrado*	*él*

= «Re es el que me ha engendrado.»

A-L-K-S-N-D-R = Alejandro (Magno).

K-L-I-O-P-D-R-A-T = Cleopatra

Comos se ve, el nombre de los soberanos griegos y romanos que reinaron en Egipto no se trata del mismo modo que el de los faraones egipcios. Ello tenía una justificación: el nombre de un faraón egipcio puede y debe ser traducido para que conozcamos el ser simbólico y profundo del monarca, su misión; en el caso de los reyes griegos y romanos, los escribas se contentaron con transcribir su nombre fonéticamente, letra por letra, empleando sólo las consonantes.

8. En la corte de los grandes

Grandes personajes forman la corte del faraón. El «grande» es una columna, ⌠, AA, o una golondrina, ⤢, UR.

Para ser alguien importante a los ojos del monarca, para ser considerado como un ser dotado de verdadera grandeza, hay que tener la rectitud y la solidez de una columna, o bien la gracia y la capacidad de desplazamiento de la golondrina.

El grande, el magistrado, el hombre sobre el que pesan importantes responsabilidades, se dice:

SER

Como podemos ver, la palabra está representada por un personaje de pie que tiene un aspecto altivo y que sostiene un largo bastón, signo de su autoridad. Ahora bien, la palabra SER significa también «predecir, ver de lejos, hacer conocer»; según el antiguo Egipto, gobernar es prever.

El que ocupa un lugar preeminente es representado mediante la parte delantera del león:

HATY
el jefe

Saqqara, mastaba de Mereruka. El noble, que sostiene el bastón de mando, es en sí mismo un jeroglífico que expresa la idea de grandeza. Página anterior.

Un título frecuente:

HATY   A
el preeminente de brazo   *aquel cuya acción es*
                                  hacia delante

designa los administradores, los alcaldes, los oficiales encargados de dirigir una colectividad.

Todos estos personajes, por importantes que sean, deben plegarse a:

TEP   RED
la cabeza (y) *la pierna*

es decir, el deber que hay que cumplir, la manera correcta de actuar, la costumbre justa.

Ejercicio 1

Los ejercicios que amenizan este descubrimiento de los jeroglíficos son facultativos, claro está. Pero ¿quién no deseará comprobar si comienza a convertirse en un buen escriba?

También proponemos algunos enigmas a los Champollion en ciernes.

Pregunta: Dos jóvenes escribas se pasean a orillas del Nilo. El primero le dice al segundo: «He visto a Dios»; su compañero levanta la mirada hacia la fachada de un templo cercano y asiente. ¿Por qué?
Respuesta: El escriba ha visto el signo jeroglífico ⌐, es decir, un asta con una bandera que adorna el pilón del templo.

Pregunta: ||, MEDU, significa «bastón», ¿pero además...?
Respuesta: «Palabra.»

Pregunta: ¿Cómo escribían los egipcios la palabra «vida»?
Respuesta: ☥, ANJ.

Pregunta: Un cantero examina dos bloques de piedra. Sobre el primero hay el signo ♪; sobre el segundo, el signo ◡. ¿Cómo sabe que uno es bueno y otro malo?
Respuesta: ♪ NEFER significa «bueno».
　　　　　◡ DJU significa «malo».

Pregunta: ¿Por qué un buen estudiante tiene ☥☥◯?
Respuesta: Porque la palabra ANJUY significa «las orejas», literalmente «los vivos».

Pregunta: ¿Qué significan las siguientes expresiones:

69

Respuesta: La dos expresiones se leen UN I y significan: «yo existo».

Pregunta: ¿Cuál es el personaje que lleva el título de ⊏⊐⌇ ?
Respuesta: PER AA, «morada grande», «el gran templo», es el faraón.

Pregunta: ¿Cuáles son los tres jeroglíficos que habitualmente se colocan detrás del nombre del faraón para asegurar la vida, la prosperidad y la salud?
Respuesta: ☥ ANJ: «la vida».

⧈ UDJA: «la prosperidad».

⧘ abreviatura de SENEB: «la salud».

Pregunta: ¿Por qué el faraón sostiene en su mano un cetro ⌇ ?
Respuesta: Porque este jeroglífico, que se pronuncia HEQA, significa «gobernar».

Pregunta: ¿Cuál es el jeroglífico que traduce la idea de «servidor»?
Respuesta: ⧘, la estaca, HEM.

Pregunta: ¿Por qué parte del cuerpo humano simbolizan los jeroglíficos la acción de «creer, hacer»?
Respuesta: Por el ojo, ⬯, IR.

Pregunta: ¿Por qué es normal que un servidor obedezca a una cabeza de león?
Respuesta: Porque ⬳, HATY, significa «el jefe».

9. El cielo de los jeroglíficos no se nos caerá encima

El cielo sobre sus cuatro pilares

He aquí el cielo:

Este jeroglífico, que se lee PET, representa una especie de madera colocada sobre cuatro pilares (de los que sólo podemos ver dos).

Cuando el dios Shu, el aire luminoso, hubo separado el cielo y la tierra, colocó al primero sobre sólidos pilares para que no se hundiese en la tierra. Mucho antes de los galos, los egipcios temían que el cielo se les cayese encima.

A partir de este jeroglífico, es posible representar fenómenos celestes:

El cielo del que cuelga una cuerda a la que está atada una estrella de cinco puntas indica la noche.

El cielo del que emanan tres líneas quebradas evoca la lluvia.

Si en escritura jeroglífica el cielo, PET, es una palabra masculina, la diosa del cielo, NUT, es una palabra femenina:

○ , NU, la vasija que contiene la energía primordial;
◠ , T, es el indicador del femenino.

Por lo tanto se debería traducir «LA cielo». Su complemento, Geb, una palabra masculina, es «EL tierra».

Por lo que respecta al cielo estrellado, lleva un nombre maravilloso:

JA   BA   S

Un millar es su alma

(a saber: las estrellas), en otras palabras: «el alma de la diosa del cielo es un millar de estrellas».

La expresión se descompone de la siguiente manera:

(hoja de loto)   =   JA, «un millar»;

=   BA, «el alma»;

=   S, pronombre posesivo femenino, tercera persona, que se refiere a la diosa del cielo;

=   las estrellas.

El Sol tiene una cita con la Luna

RA
el Sol

La palabra está formada por ⊂⊃ , R, la boca humana que expresa el verbo, y por ⏟ , A, el brazo humano extendido, que encarna la acción.

Ra es la luz divina creadora, mientras que el disco solar se designa por medio de una palabra célebre:

$$\left\vert\begin{array}{c} \frown \\ \sim\sim \end{array}\right. \odot$$

ITEN

que conocemos bajo la forma de Atón, el famoso disco solar que veneraban Ajenatón y Nefertiti.

Leeremos fácilmente el nombre de la Luna:

IAH
la Luna

una palabra masculina, puesto que la Luna, según el antiguo Egipto, es una potencia celeste agresiva, combativa, que desencadena los acontecimientos.

Nada más sencillo que escribir «luna nueva»:

Nuestros populares calendarios y almanaques ¿no conservarán un cierto rasgo egipcio?

Valle de los Reyes, tumba de Rameses VI. La barca del sol, protegida por columnas de jeroglíficos, atraviesa el universo soberano. En ella se prepara la resurrección del nuevo sol.

73

10. Tomemos el tiempo de los jeroglíficos

El año, el mes, el día y la hora

Egipto había establecido un determinado número de divisiones del tiempo, las principales de las cuales eran:

RENPET

el año

Este jeroglífico, que equivale a cuatro sonidos (R + N + P + T), representa un retoño, símbolo de las riquezas de la naturaleza.

RENPET significa a la vez «año» y «alimentación», puesto que el año feliz era aquel que alimentaba a la población.

RENPET es también «la juventud», «el rejuvenecimiento», puesto que cada nuevo año corresponde a un nuevo nacimiento, a un nuevo viaje, tras la extinción de las «viejas lunas». En Egipto, los ritos del año nuevo, que se celebraban durante el retorno de la crecida, en el mes de julio, eran objeto de fiestas en todo el país; con tal motivo se ofrecían regalos al faraón. Y se le deseaba:

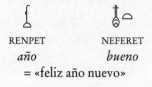

RENPET	NEFERET
año	*bueno*

= «feliz año nuevo»

Saqqara, mastaba de Mereruka. Este portador de ofrendas vegetales evoca el tiempo de las estaciones felices y la dulce sucesión de los días. Página anterior.

ABED

el mes

se escribe con la luna creciente y la estrella, puesto que el calendario egipcio se basaba en meses lunares y tenía 360 días.

Sin embargo, los astrónomos pronto comprendieron la necesidad de un año de 365 días, para adecuarse a los ritmos cósmicos.

Los cinco días suplementarios eran considerados como un período muy peligroso; el año viejo moría, pero el nuevo aún no había nacido.

Sejmet, la leona terrorífica, elegía este momento para enviar sus hordas de miasmas, enfermedades y desgracias, que el faraón alejaba mediante ritos adecuados.

HERU

el día

una palabra determinada por el sol, está relacionada con la raíz HER, «ser feliz, estar satisfecho».

GEREH

la noche

una palabra determinada por el cielo nocturno, del que cuelga una estrella, y formado por la raíz GER, «el silencio».

En otras palabras, que el día sea el espacio de felicidad y la noche el tiempo del silencio.

UNUT

la hora

la palabra está formada de la siguiente manera:

UN + U + T = UNUT

✶, la estrella, indica que la palabra «hora» pertenece a la categoría de los fénomenos cósmicos; ⊙, el sol, indica que la palabra pertenece a la categoría de los fenómenos temporales. La hora marca la existencia (UN, «existir»), y se reproduce de una manera prolífica, como la liebre.[1]

1. Mencionemos también el verbo UN, «ir deprisa», puesto que la hora es la que pasa deprisa.

Ayer, hoy, mañana

Tres palabras importantes para orientarse en el tiempo.

La primera es de fácil lectura:

SEF

ayer

⊙ indica que la palabra pertenece a la categoría de los términos temporales.

MIN

hoy

⚱ es un vaso lleno de líquido y provisto de una asa; equivale a tres sonidos, MIN.

DUAU

mañana

✶, la estrella, equivale aquí a tres sonidos, D + U + A = DUA;

ℓ = U, DUA + U = DUAU, con el sentido más preciso de «mañana por la mañana».

El Egipto de las tres estaciones

Conocemos la primavera, el verano, el otoño y el invierno, es decir, cuatro estaciones, cada una de las cuales tiene tres meses.

El Egipto faraónico conocía tres estaciones, cada una de las cuales tenía cuatro meses.

AJET
la inundación
(de finales de julio a finales de noviembre)

El signo es un terreno inundado del que salen retoños y plantas verdes.

Este signo equivale a tres sonidos:

A + J + T = AJET

El escriba con frecuencia escribe J con una T, facilitando así su lectura.

Esta estación, de naturaleza femenina, deriva de la raíz AJ; AJET se podría traducir por «la luminosa», «la útil», sentidos particularmente claros puesto que se trata del momento maravilloso en que las tierras son regadas por la crecida, que deposita su fértil limo sobre los campos cultivados.

PERET
la estación de la salida
(de finales de noviembre a finales de marzo)

Esta estación, igualmente femenina, considerada como el invierno, es la del trigo que brota.

Su nombre deriva del verbo ⌐⌐, que equivale a dos sonidos:

PER (P + R)

El escriba con frecuencia añade la ⌒, R, para facilitar la lectura; la ⌒ es la T del femenino; la ⊙ determina un aspecto del tiempo.

El verbo PER significa «subir, salir»; PERET es la estación en que todo lo que ha sido plantado sube y brota de la tierra.

SHEMU

la estación calurosa

(de finales de marzo a finales de julio)

Es la temporada de las cosechas y del calor intenso; cuanto más avanzan los meses, más lejos está la crecida y más se espera la siguiente.

La palabra está formada por ▭, SH, 〰, MU, y ⊙, que determina un aspecto del tiempo. Lo más curioso es que esta estación, de género masculino, la componen el depósito lleno de agua y el signo del agua, cuando en realidad se trata del período seco por excelencia. Los sabios sin duda habrán querido indicar que durante la estación SHEMU es necesario utilizar el agua de los depósitos de reserva.

Saqqara, mastaba de Idut. En el generoso Nilo, numerosos tipos de peces, a la vez jeroglíficos y alimentos.

11. La naturaleza en jeroglíficos

¡Qué verde era mi valle!

Algunas palabras corrientes nos servirán para orientarnos en el paisaje egipcio:

TA
la tierra

Una lengua de tierra plana y tres granos de arena, la manera más habitual de designar la tierra, el país.

TAUY
las dos tierras, el doble país

La expresión designa Egipto en su totalidad, formado por las dos tierras, es decir el Bajo Egipto (el Delta) y el Alto Egipto (el valle del Nilo).

JASET
el país montañoso, la región desértica,
el país extranjero

Este jeroglífico está formado por tres colinas de arena; representa los bordes montañosos que encierran el valle, tanto al oeste como al este.

AJET

la región de la luz, el horizonte

Éste es el lugar por el que, cada mañana, el sol sale de las tinieblas. Aparece en oriente, entre dos montañas, tras haber vencido a los demonios de la noche. AJET también es el nombre de la tumba del faraón, identificado con un sol que se levanta para la eternidad.

SEJET

el campo, la pradera

Este jeroglífico representa la tierra negra, pantanosa, fértil, de la que salen tres cañas desarrolladas y tres brotes de caña o de loto.

El signo , SHA, sirve para expresar la noción de «comienzo», en referencia a la primera manifestación de la vida, que surge de las aguas primordiales.

, HA, «el pie de papiro», significa también «detrás, lo que está detrás», con un matiz de protección. El papiro, hoy en día desaparecido, formaba auténticos bosques, que servían de refugios protectores. Hecho esencial, la diosa Isis logró esconder a su hijo Horus, al que Set buscaba para matarlo, envolviéndolo en papiro. ¡Nada más tranquilizador y cómodo que estar envuelto en papiro!

El egipcio vivía feliz al pie de su árbol

Los antiguos egipcios veneraban los árboles, mucho más numerosos en la Antigüedad que en nuestros días.

La diosa del cielo, Nut, vivía en un sicomoro; acordándose de este símbolo, la virgen María, durante su estancia en Egipto, también se ocultó bajo un árbol.

El nombre del árbol es muy significativo:

IMA

el árbol

⌇ = I

⌇ , la hoz, equivale a dos sonidos: MA.

Así pues, tenemos I + MA; la palabra está determinada por el árbol que, aislado, se puede leer IMA.

Ahora bien, esta raíz IMA significa «dulce, amable, encantador, agradable, benevolente, estar en una buena disposición». Es decir, que el árbol es por excelencia el símbolo de la alegría de vivir. Estar sentado a la sombra de un árbol, cerca de un odre de agua fresca colgado de una rama, escuchar el canto de los pájaros, contemplar el verde de los campos y la reverberación del Nilo, ¿no es acaso el colmo de la felicidad?

Encontramos el sonido MA en el nombre de un árbol esencial para los antiguos egipcios:

MAMA

la palmera-dum

Se puede traducir el término por «el muy agradable», «el muy dulce». Se utilizaban todas las partes del árbol, desde el fruto a la raíz; gracias a la palmera se fabricaban sandalias, taparrabos, abanicos; el árbol entero servía de viga para construir una casa.

De ahí una expresión de resonancias bíblicas:

JET   ANJ

el árbol   *de la vida*

⌇ , la rama de árbol, equivale a dos sonidos ⊜ , J + ⌓ , T.
♀ , la cruz con asas, como ya hemos visto, equivale a tres sonidos A + N + J.

Esta expresión, «el árbol de la vida», designaba de manera particular el tallo que sostiene a las plantas, las cuales dan la vida, así como el conjunto de los alimentos. El faraón fue considerado como el verdadero árbol de la vida de la sociedad egipcia, a la que el soberano debía dar alimentos espirituales y materiales.

La crecida
es
un joven saltarín

En parte, el antiguo Egipto fue un regalo del Nilo, como escribió Herodoto; así pues, resulta esencial conocer los nombres que le daban los jeroglíficos.

El nombre más corriente del Nilo es:

ITERU

el río

I + T + R + U = ITERU; la palabra está determinada por ⊏⊐, el signo del canal, que indica que la palabra pertenece a la categoría de los términos que designan las vías de agua.

El Nilo, único río de Egipto, aportaba al país agua y prosperidad pues durante su crecida depositaba el fértil limo sobre los campos. Esta crecida era un fenómeno extraordinario; en la actualidad ha desaparecido debido a la alta presa de Asuán.

Los egipcios le habían dado un nombre masculino:

HAPY

la crecida

H + A + P + Y = HAPY; la palabra está determinada por tres líneas quebradas superpuestas, que simbolizan el agua y las olas.

Sobre los bajorrelieves, con frecuencia se puede ver HAPY representado bajo la forma de un personaje barrigudo, de senos pesados, con la cabeza cubierta de plantas acuáticas y portando ricos alimentos.

Sin embargo, el término HAPY deriva de una raíz que significa «brincar, brotar»; HAPY está descrito como un joven lleno de vigor que toma al asalto las orillas para fecundarlas.

¡Ay!, HAPY ha desaparecido. En la actualidad, el «saltarín» es prisionero de las aguas del lago Nasser, desde donde debe suspirar por su amada tierra egipcia.

12. Los animales hablan

Mamíferos, aves, reptiles, peces e insectos han suministrado un considerable número de jeroglíficos. Los egipcios, buenos observadores de la naturaleza, consideraban al animal como la encarnación de una fuerza divina, de una calidad creadora que era necesario observar.

Saqqara, mastaba de Idut. Una cabeza de gacela en un ligero relieve, o la perfección hecha jeroglífico. Página anterior.

¡Extrañas aves!

El rey de las aves, en tanto que protector del faraón, es el halcón Horus,

cuyo nombre significa «el que está lejos» (en el cielo), «el lejano», que posee una vista aguda.

El buitre

es sinónimo de la palabra MUT, «la madre», puesto que este gran predador se ocupa de sus pequeños con una especial abnegación; pero sirve también para escribir la palabra «temor» y se encuentra así relacionado con la muerte.

Vista de frente, la lechuza,

además de su papel de letra del alfabeto, sirve para escribir «lo que está en, lo que está en el interior».

El gran ibis es la encarnación del dios Tot; cuando se inclina para buscar su alimento

se lee GEM y significa «encontrar», ¡puesto que el dios de la sabiduría jamás yerra un golpe!

El hermoso pájaro jabirú, una especie de gran cigüeña, con una excrecencia de carne en el pecho,

es el alma-pájaro, el BA.

La magnífica garza

es el fénix egipcio, el BENU, que se posa sobre la cumbre de la colina primordial surgida de las aguas en la primera mañana del mundo, simbolizando de este modo la abundancia.

No hay que confundir dos aves muy parecidas en la escritura de los escribas. La primera es la golondrina

que encarna la idea de grandeza; el faraón puede revestir la forma de una golondrina para subir al cielo.

La segunda, que el aprendiz de escriba dibujará con la cola dividida para diferenciarla bien de la golondrina, es el gorrión (o la alondra), que representa la pequeñez, el mal, la enfermedad, y que determina todas las palabras que entran en estas categorías.

Con el pato,

descubrimos la manera de escribir «hijo» o «hija».

La oca presenta un dibujo muy semejante

y es la encarnación del dios de la tierra, Geb, siendo al mismo tiempo la representante por excelencia de la categoría de las aves. La oca puede encarnar la idea de «bien equipado, dotado de lo necesario», pero también el concepto de destrucción.

Cuando está desplumada y troceada, la oca

es sinónimo de temor.

Una extraña ave, el polluelo que se agita, pía y pide comida,

no es otra cosa que el símbolo del visir, ¡el primer ministro de Egipto! ¿Se trata de una alusión al hecho de que este gran personaje, del que los textos afirman que su función es «amarga como la hiel», continuamente estaba protestando y pidiendo cuentas a sus subordinados para que sus órdenes fuesen correctamente ejecutadas?

Toro, león, carnero...
sólidos mamíferos en los jeroglíficos

El rey de los mamíferos, y el mamífero que encarna al faraón, es el toro salvaje, un animal magnífico y poderoso, que el futuro monarca, como el joven Rameses II, aprendía a capturar con lazo en el desierto. Este toro es el KA, «la potencia creadora»; por esta razón el faraón lleva una cola de toro unida a su taparrabos. No hay que confundir este animal salvaje, claro está, con el buey, animal para carne por excelencia. La vaca es sinónimo de belleza, de felicidad y de alegría de vivir; la oreja de la vaca sirve para escribir la noción de «oír, escuchar, obedecer», virtud importantísima en el antiguo Egipto.

El íbice, que lleva un sello en torno al cuello,

es el símbolo de la nobleza.

El león, que casi siempre se representa recostado,

es la encarnación de la vigilancia, puesto que la mitología egipcia afirma que siempre mantiene los ojos abiertos.

La parte anterior del león sirve para designar lo que es preeminente, en particular, el hombre importante, el jefe, mientras que la parte posterior de la fiera evoca las ideas de extremidad, de fondo.

El carnero,

en que se encarnan Amón (el dios oculto) y Jnum («el que da forma»), sirve también para escribir el término BA, «manifestación». La cabeza del carnero, es el símbolo del temor que inspira la dignidad.

El chacal, recostado o de pie,

es la encarnación del dios Anubis, el guardián de los secretos del otro mundo, el momificador; el chacal también es el símbolo de los grandes dignatarios y los jueces. Por lo que respecta al valiente perro doméstico, se le quiere hasta el punto de ser momificado para acompañar a su señor en el más allá.

La jirafa,

debido al tamaño de su cuello, que la convertía en una gran observadora, servía para escribir la noción de «ver lejos», «predecir».

¿Y el elefante? Al parecer había desaparecido de suelo egipcio antes de la primera dinastía, pero su recuerdo aún estaba vivo pues simbolizaba la primera provincia del Alto Egipto, cuya capital era Elefantina, reemplazada en nuestros días por Asuán.

¿Se desea escribir el poder, la fuerza?

Se podrá escoger entre:
ᵺ , una cabeza de toro;
ᵹ , una cabeza de leopardo;
ᵼ , la cabeza y el cuello de un chacal;
⌒ , un muslo de toro.

¿Se desea escribir la idea de repetición?

Se escribirá, ⌡ , la pata y la pezuña de un bóvido, ¡que rasca una y otra vez el suelo!

Del cocodrilo a la abeja

El cocodrilo

es el símbolo de la agresividad y la furia, pero también puede encarnar el aspecto belicoso y conquistador del faraón.

La tortuga, más pacífica,

unas veces es considerada como una criatura maléfica y otras como un símbolo de resurrección, lo mismo que la rana,

que no guarda relación alguna con la meteorología.

Antiguamente, el Nilo estaba lleno de peces; el pescado seco figuraba entre los alimentos básicos del egipcio medio.

El oxirrinco, de nombre complicado,

sirve para designar el cadáver y todo lo que huele mal, puesto que la leyenda afirma que este pez se tragó el sexo de Osiris, después de que el dios fuese cortado a trozos, comprometiendo así su resurrección.

Otros peces representan un papel más positivo; así, el mújol *(Mugil cephalus)*

sirve para escribir la palabra «administración» (de una provincia) y el *Barbus bynni*, de formas cómodas,

es un auxiliar de la resurrección.

, el escarabajo, es uno de los jeroglíficos más frecuentes, un verdadero amuleto que sirve para escribir las nociones de «nacer, venir a la existencia, transformarse». En cuanto a la abeja, como hemos visto, está elevada a la más alta dignidad puesto que simboliza al rey. El modesto saltamontes es en sí un jeroglífico; el rey, para saltar de la tierra al cielo, puede revestir la forma de un saltamontes.

13. Una antigua historia: el hombre y la mujer

Una pareja inseparable

En escritura jeroglífica, el conjunto formado por el hombre y la mujer significa «la humanidad»:

El hombre está de perfil, sentado, lleva peluca y taparrabos, y extiende la mano derecha, digno y altivo. La mujer también está de perfil, sentada, inmóvil, serena, lleva peluca y un vestido. Cuando el escriba habla de la humanidad, de un grupo humano o social, utiliza los dos jeroglíficos del hombre y de la mujer, inseparables para expresar la totalidad del género humano.

Como destacaba Champollion, la grandeza de una civilización se mide por el lugar que asigna a la mujer; en este ámbito, el Egipto de los faraones puede reivindicar, de manera legítima, el primer puesto.

La humanidad o las lágrimas de Dios

La palabra «humanidad», con todos sus componentes jeroglíficos, se escribe:

REMECH

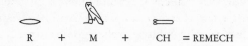

R + M + CH = REMECH

Así pues, la palabra «humanidad» se compone de la boca ⬭, que simboliza la capacidad para expresarse por medio de la palabra, de la lechuza 🦉, símbolo de la interioridad, y de la cuerda para conducir los animales ⬭, alusión a la disciplina necesaria que se debe observar para vivir en sociedad.

Por otra parte, la palabra deriva de la raíz REM, que significa «llorar». Un texto precisa, en efecto, que el sol engendró a la especie humana en un momento de tristeza; los humanos nacieron de las lágrimas del creador, que lloró por su comportamiento, por su tendencia a conspirar, a destruir y a destrozarse mutuamente.

¿El hombre es un cerrojo o la tela de un noble?

El hombre, individuo, se escribe:

Se forma de ⬭, la letra s del alfabeto, y del determinativo del hombre sentado.

Ahora bien, ¿qué representa ⬭ sino un cerrojo? Así pues, estamos en presencia del «hombre cerrojo», u hombre encerrado, cerrado en sí mismo y en su individualidad.

Para escribir «la mujer, el individuo femenino», se toma la misma letra del alfabeto, y se le añade una T, indicador del femenino, y el determinativo de la mujer sentada:

SET
la mujer

Existe otra manera de ser un hombre y una mujer, si se reemplaza el cerrojo ⟶ por la otra s, |, que representa la tela que los nobles sostienen en la mano para simbolizar su función.

Sin embargo, esta manera de escribir «hombre» y «mujer» es mucho más rara que la anterior; ¿no significará esta circunstancia que el individuo está más frecuentemente encerrado en sí mismo que abierto a los demás?

El varón no se esconde

El hombre y la mujer, como todo el mundo sabe, no son exactamente semejantes. Como el egipcio antiguo no era pudoroso, y la desnudez no estaba proscrita, los jeroglíficos no ocultan nada y el varón se presenta con todos sus atributos.

Este jeroglífico, que representa el miembro viril y los testículos, significa «sexo», «falo», «el varón».

El falo que emite un líquido significa «engendrar» u «orinar».

⟶ puede leerse MET y significa «vaso», «conducto», en cualquier lugar del cuerpo.

JERUY
las partes bajas

J + R + U + Y = JERUY, «las partes bajas»; la palabra está determinada precisamente por los testículos, los cuales,

95

para los egipcios, no eran ni vergonzosos ni nobles, sino simplemente bajos.

También se puede traducir: «las parte que llevan», «que sostienen».

Generosos en denominaciones, los jeroglíficos dan también a esta preciosa parte de la anatomía masculina dos nombres expresivos: «los rojos» (INSU) y «las bolsas, los sacos» (ISUI).

La mujer es un pozo de agua fresca

Si el varón es descrito en función de sus características físicas aparentes, la mujer, en tanto que individuo sexuado, se evoca de una manera mucho más poética:

HEMET
la mujer

Ya conocemos la △, T, del femenino, y el personaje de la mujer sentada. Pero ¿qué representa ▽?

Se trata de un pozo lleno de agua fresca, de una fuente, por analogía de una matriz y del sexo femenino.

Este ▽ equivale a dos sonidos y se lee HEM. Esta misma raíz, HEM, significa también «el timón», «la habilidad del artesano». ¿Acaso la mujer no es el timón del hogar y de la familia (de ahí su título de «ama de casa»)? ¿No es también el ser hábil por excelencia para maniobrar, algo que no deja de estar relacionado con el timón?

En un país cálido, en que el agua es la primera riqueza, ¿no es conmovedor ver que la mujer es considerada como la fuente de agua fresca, como el origen de la felicidad cotidiana?

Otra palabra que merece ser conocida:

HUNET

H + U + N + T = HUNET

Esta palabra, HUNET, designa a la vez «la joven» y «la pupila del ojo», bella imagen conservada en el latín *pupilla*.

Cuando se conoce la importancia que los egipcios otorgaban al ojo, símbolo de la creación perfecta, se apreciará el homenaje rendido a la muchacha, a la joven.

Saqqara, mastaba de Idut.
Una extraña ave, el buitre percnóptero, que sirve para escribir la letra A.

Asuán, tumba de Sarenput II.
Entre estos magníficos jeroglíficos se puede reconocer un carnero de cuernos
ondulados y un elefante.

14. Cuando el cuerpo se hace jeroglífico

Actitudes elocuentes

El hombre puede estar sentado, 𓀀 , de este modo encarna, como hemos visto, la palabra «hombre»; 𓁐 , la mujer sentada, es «la mujer».

Cuando el hombre se lleva la mano a la boca

𓀁

aparecen varios significados.

En primer lugar, todos los términos relacionados con el acto de comer y beber; a continuación, todos los términos relacionados con el hecho de hablar o callar; finalmente, algunos términos relacionados con el hecho de pensar.

El hombre sentado, con las manos oferentes ante el agua que mana de una vasija,

𓀢

encarna las ideas de «purificación» y de «pureza».

𓀌

El hombre en esta postura encarna las ideas de «debilidad», de «cansancio» y también de «descanso»... necesario precisamente a causa del cansancio.

Estar sentado no es forzosamente señal de reposo puesto que el hombre sentado, con una carga sobre la cabeza, significa «cargar», «llevar», «trabajar».

El niño desnudo, con un dedo sobre la boca, encarna las palabras «niño», «ser joven».

Por lo que respecta al personaje sentado en una silla, simboliza la idea de «nobleza», de «ser venerable».

Cuando el hombre se levanta y se pone de pie, aparecen otros significados.

El hombre de pie, con los brazos extendidos y las palmas de las manos hacia el cielo significa «adorar, venerar, rezar, respetar».

De pie, con un solo brazo tendido, expresa la idea de llamar.

Sosteniendo firmemente un bastón, encarna la idea de esfuerzo, en ocasiones de violencia.

Si el hombre comete excesos y faltas graves, se representa cabeza abajo, que es la postura de los condenados.

Para esta civilización de constructores, el acto de construir era considerado como algo esencial; idea que también se representa con un hombre moliendo en un mortero o levantando un muro:

Con un bastón en una mano y una tela en la otra, el hombre es «el grande», «el noble».

Encorvado, apoyándose en un bastón, se ha convertido en «el viejo», «el anciano».

El enemigo, el causante de disturbios y el rebelde deben ser reducidos a la impotencia; se simbolizan por medio del hombre arrodillado, con las manos atadas a la espalda:

Para quien ha vivido una vida de acuerdo con la regla de Maat, la diosa de la Verdad, el mejor destino es convertirse en momia para poder resucitar. Esta postura traduce la idea de «morir», pero también la de «dormir», antes del despertar a la eternidad.

Un rostro muy expresivo

El rostro o las partes del rostro proporcionan numerosos jeroglíficos.

es «la cabeza» (con perilla), «la cara» (vista de frente), «el ojo» (visto de perfil).

El rostro , visto de perfil, representa «la nariz», «la respiración», «la alegría»; es la boca entreabierta, el labio superior con los dientes; , la mata de pelo, la ceja.

La fortaleza está en el cuello

Cuando hablamos de un individuo corpulento y fuerte, decimos que tiene un «cuello de toro»; Egipto no habría desautorizado esta imagen, puesto que hacía del toro el símbolo del poder real y de la virilidad. Sin embargo, aunque los jeroglíficos reconocían que la fortaleza se encuentra en el cuello, eligieron el de otro animal:

USER
ser fuerte, poderoso, rico

El lector habrá reconocido la cabeza y el cuello del chacal, encarnación del dios Anubis, momificador y guía de las almas. Tal vez sea una alusión al momento tan importante en que, durante el proceso de resurrección, la cabeza se une al cuello con el fin de que se reconstituya el cuerpo de eternidad.

Otra manera de expresar el poder es:

SEJEM
tener el dominio, ejercer un poder sobre,

en referencia a este tipo de cetro que frecuentemente se puede ver en la mano del faraón o de los dignatarios del estado.

Juego de manos

es el antebrazo tendido, la palma de la mano abierta hacia el cielo; el mismo brazo, con la mano cerrada y sosteniendo un bastón, , encarna el esfuerzo, la fuerza, la victoria.
Si se trata de un cetro, , el jeroglífico evoca las ideas de «consagrar, dirigir, conducir». Bajo la forma , el brazo es el famoso «codo» (0,52 metros).

Los brazos extendidos, ⌒, expresan la negación.

Los brazos levantados, ⊔, forman el signo del KA; bajados, haciendo el gesto de apretar, ⟨⟩, significan «envolver, abrazar».

La mano se representa de la siguiente manera: ⟿ de perfil, los dedos juntos, resaltando el pulgar; el puño, ⟣, significa «agarrar, empuñar».

¡Tendamos la mano... para ayudar!

En estos tiempos difíciles, con frecuencia encontramos manos tendidas que piden limosna.

Este gesto era desconocido en el antiguo Egipto; cuando allí se tendía la mano, ¡era para ofrecer pan al prójimo!

⌒ ⌐

DI

dar, ofrecer

Dar es alimentar, permitir que otro se alimente para tener buena salud, puesto que, en opinión de los antiguos sabios, no existe felicidad egoísta.

El hombre generoso es AU DJERET, «el que tiene la mano larga», lo que lo convierte en un individuo muy diferente al que en nuestra sociedad decimos que «tiene mucha mano», mucha influencia.

En Egipto, cuanto más larga es la mano, tanto más importante puede ser la ofrenda.

Un texto breve, frecuentemente inscrito en las paredes de las tumbas, demuestra la preocupación por la generosidad que tenían los antiguos egipcios:

N	SEDJER	S	HEQERU	M	NIUT	I
no	*pasará la noche*	*un hombre*	*con hambre*	*en*	*la ciudad*	*mía*

= un hombre no pasará la noche con hambre en mi ciudad.

Menear los pulgares

Para hacer bien el trabajo, hay que estar equilibrado, tener el sentido de la equidad y no traicionar la justicia. Un término traduce todas estas nociones:

AQA
ser preciso, exacto, meticuloso

Para un egipcio, la frase «menear los pulgares» aludía a la idea de volcarse en el trabajo con el máximo cuidado.

Los dos pulgares aparecen en otra palabra:

METER
testimoniar

Si continuamos con las expresiones populares, el término egipcio «testimoniar» subraya que, para tener el valor de hacerlo, hay que «tener algo entre las piernas», ⌐◦, según la expresiva descripción de uno de mis distinguidos colegas.

Estirando las piernas

El signo ⋀ es muy frecuente: las piernas en movimiento significan «ir, venir» y determinan todas las palabras que entran en la categoría del movimiento.

⋀⋀ significa «ir y volver», «entrar y salir».

La pierna bien recta, ⌐, es a la vez «la pierna», «el pie» y «el lugar, el sitio» (donde descansa el pie).

Cuando la pierna se dobla, ⌡ , también significa «pierna», «pie», y asimismo «rodilla» y «desplazarse deprisa».

La pierna, rematada por una vasija de la que sale agua, ⌠, es símbolo de la purificación.

En cuanto a los dedos de los pies, ⅏ , encarnan la idea de alcanzar un objetivo.

Ejercicio 2

Pregunta: ¿Por qué ⌒ contiene estrellas?
Respuesta: Porque NUT es la diosa del cielo.

Pregunta: ¿Qué vemos en ⌒, el día o la noche?
Respuesta: El día, puesto que ⌒☉, RE es el sol (escrito abreviadamente en la pregunta, sin el determinativo ☉).

Pregunta: ¿Qué decía un egipcio para desear feliz año nuevo?
Respuesta: ⌒, RENPET NEFERET, «año bueno».

Pregunta: ¿Por qué la madre de familia temía la llegada de final de ☂?
Respuesta: Porque este jeroglífico se lee ABED y significa «el mes».

Pregunta: ¿Es bueno dormir durante el ☐☉?
Respuesta: A excepción de la siesta no, porque se trata de la palabra HERU, «el día».

Pregunta: ¿Por qué esperar que ☉, MIN, será mejor que ☉, SEF, y menos bueno que ✴☉, DUAU?
Respuesta: Porque MIN significa «hoy», SEF, «ayer» y DUAU, «mañana».

Pregunta: ¿Hay que cubrirse durante la estación ☉, SHEMU?
Respuesta: Sólo para resguardarse del sol, puesto que se trata de la estación cálida, el gran verano egipcio.

Pregunta: ¿Es preferible vivir en ⚊, TA, o en ⌣, JASET?
Respuesta: TA, «el país, la tierra», es propicio a los vivos; JASET, «el desierto», a los muertos.

Pregunta: ¿Dónde se puede encontrar uno más a gusto?
Respuesta: Bajo 〖 〗, IMA, «el árbol», cuyo nombre deriva de la raíz IMA, «dulce, amable, encantador, agradable».

Pregunta: ¿Por qué los egipcios esperaban 〖 〗 con impaciencia?
Respuesta: Porque HAPY es la crecida.

Pregunta: ¿Cuál es el jeroglífico que simboliza «la madre»?
Respuesta: El buitre, 〖 〗, MUT.

Pregunta: ¿Qué animal simboliza la nobleza?
Respuesta: El íbice, 〖 〗.

Pregunta: ¿Qué animal simboliza la capacidad de predecir?
Respuesta: La jirafa, 〖 〗.

Pregunta: ¿Cómo se escribe «nacer, transformarse»?
Respuesta: Con el escarabajo, 〖 〗, JEPER.

Pregunta: ¿Cuál es el signo jeroglífico que sirve para escribir «hombre» y «mujer»?
Respuesta: 〖 〗, s, o 〖 〗, s.[1]

1. Véase capítulo 13.

Pregunta: ¿Qué significa 〖 〗?
Respuesta: «La mujer» (con el determinativo 〖 〗, la palabra se lee HEMET).

Pregunta: ¿Qué significa 〖 〗?
Respuesta: El signo se lee USER y significa «ser fuerte, poderoso, rico.»

Pregunta: ¿Cómo se escribe «dar, ofrecer»?
Respuesta: Mediante el signo 〖 〗, DI?

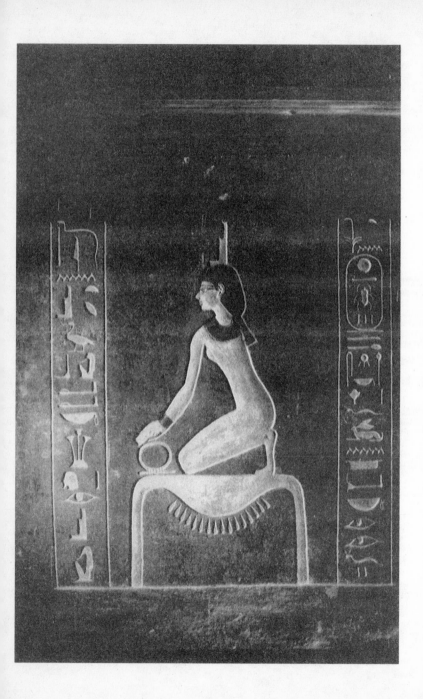

15. El amor en jeroglíficos

¿El amor? Una azada, un canal y una pirámide

MER

amar

⊏ , la azada que sirve para cavar el suelo, equivale al sonido MER. La palabra «amar» está determinada por el hombre que se lleva la mano a la boca.

¿Por qué escribir de esta manera un verbo tan importante? Porque la azada, que el faraón fue el primero en empuñar para abrir la zanja del primer templo, permite inaugurar un lugar, es decir, una obra duradera. La azada, empuñada por el campesino, abre la tierra y la hace fecunda.

Los antiguos egipcios no creían que el aspecto afectivo y sentimental del amor fuese su faceta más importante; ponían más bien el acento en su valor fundador, duradero y profundo.

Una palabra sinónima, MER, significa «el canal»; el amor, ¿no es una circulación de energía, el canal por el que también pasa una fuerza vivificadora, tan esencial como el agua?

Otro sinónimo: MER, «la pirámide», símbolo del amor que une al faraón con los dioses.

Valle de los Reyes, tumba de Tutmosis III. La mujer ideal, Isis. Arrodillada sobre el jeroglífico que simboliza el oro, prepara la resurrección de Osiris. Página anterior.

Azada, canal, pirámide... Estos jeroglíficos ponen de relieve sobre todo el papel constructivo del amor. Pero la misma raíz, MER, determinada por el pájaro del mal, adquiere el sentido de «enfermedad». Sin lugar a dudas, se puede morir de amor.

Amor, mi dulce amor
... y mi pobre «chéri»

El amor carnal va acompañado de placer y de dulzura, simbolizados por este jeroglífico:

NEDJEM
dulce, agradable

El signo representa el fruto del algarrobo, un hermoso árbol antaño frecuente en el paisaje egipcio. Este fruto era sabroso y de él se extraía un jugo azucarado.

Por lo que respecta al placer de amar, cuando llegaba al paroxismo, recibía el nombre de NEDJEM-NEDJEM, «dulce-dulce».

Para «hacer el amor», una palabra fácil de descifrar:

NEHEP

La raíz NEHEP significa también «tener cuidado de», «tener palpitaciones» y «gemir».

No obstante, el hombre debe tener cuidado y no intentar una proeza, puesto que no hay mucha distancia entre ABA, «el falo», y AB, «la jactancia».

Los enamorados de Egipto utilizaban denominaciones encantadoras del estilo de «mi pajarito», empleando una palabra que es universal. Pero ¿qué hay del francés *chéri* (querido)?

Existía una palabra con el mismo sonido:

SHERI

pero está determinada por el pájaro del mal y significa «ser pequeño», «ser débil».

El término «conocimiento», «conocido», no siempre se relaciona con la alta especulación sino que puede designar una persona a la que se frecuenta de una manera muy íntima; la escritura jeroglífica señala bien la diferencia.

REJ

conocer (un individuo, una región)

está determinada por el rollo de papiro sellado, símbolo de las ideas abstractas.

La misma palabra,

REJ

conocer (una persona amada)

está determinada por el símbolo de un conocimiento muy concreto.

Para ser felices, seamos verdes como el papiro

UADJ

papiro, ser vigoroso

El jeroglífico es un tallo de papiro; UADJ significa «papiro», y también «ser lozano», «ser verde» y «ser vigoroso, sano, afortunado, feliz».

La felicidad consiste en ser verde como el papiro. El

111

sabio Ptahhotep recuerda que una buena palabra está más oculta que la «piedra verde», símbolo de la felicidad. La diosa cobra UADJET protege al faraón y hace que Egipto sea verde; por su color verde dominante, la naturaleza es la más perfecta expresión del crecimiento.

AUT   IB
la grandeza   de corazón

significa «la alegría, la felicidad», puesto que un corazón pequeño y estrecho es triste.

Reír se dice:

SEBET

la palabra está determinada por un diente, que se descubre al sonreír.

Ésta es una expresión corriente, muy querida por los egipcios:

IR   HERU   NEFER
hacer   un día   feliz

significa que uno ha tenido un día a la vez bueno, hermoso y afortunado (NEFER), en el que cada acto ha ocupado el lugar exacto que le corresponde.

La felicidad ¿sería completa sin la amistad?

AQ   IB
el que penetra en el interior   del corazón

Es el verdadero amigo, aquel con el que se puede contar.

16. Padres e hijos

Mi padre, esa serpiente

IT

el padre

Este jeroglífico es una de las más astutas trampas tendidas a los egiptólogos en ciernes. En efecto, orgullosos de nuestra ciencia y de nuestro conocimiento del alfabeto, identificamos con toda seguridad tres letras:

$$\text{I} = \text{I}$$
$$\text{T} = \text{T}$$
$$\text{F} = \text{F}$$
$$\text{I} + \text{T} + \text{F} = \text{ITEF}$$

¡Pero esta palabra no existe! ¿Qué sucede? ¿Será falso nuestro alfabeto?

Retomemos nuestros jeroglíficos. En realidad, en esta palabra, y únicamente en ella (tal vez debido a la dificultad de ejercer la función paternal), nuestra ➤ , la víbora cornuda, no se lee F, y no es la letra del alfabeto, sino un símbolo que representa «el padre».

La palabra se lee IT, y está determinada por el signo de la víbora cornuda. Así pues, el padre es una serpiente.

113

¿Consideraban los egipcios al padre como un reptil venenoso, y capaz de dar la muerte a su hijo?

Ni los textos ni los bajorrelieves evocan una situación tan horrible. Se hace alusión a una serpiente mitológica, «la creadora de la tierra», considerada como protectora de la humanidad, símbolo de una energía positiva que se arrastra por tierra para fecundarla. Por otra parte, una palabra sinónima, IT, significa «la cebada», el alimento fundamental que el padre debe ofrecer a su hijo.

Mi madre, ese buitre

MUT
la madre

Esta vez no hay problemas de lectura; los signos del alfabeto no nos tienden una trampa.

M + U + T = MUT; la palabra está determinada por el buitre hembra que, aislado, se puede leer MUT.

Si el padre es terrestre (la serpiente), la madre es celeste, pero se trata de un buitre, a nuestros ojos un animal poco simpático. En cambio, para los egipcios representaba a la madre por excelencia, el ave que presta la máxima atención al cuidado de sus pequeños. MUT es el nombre de la gran diosa de Karnak, esposa de Amón.

La enseñanza de los jeroglíficos es remarcable; aunque sea un ser celeste, la madre buitre no duda en posarse sobre la tierra para desgarrar la carroña y transformar la muerte en alimento vital con el fin de transmitir ella misma la vida.

En algunos términos jeroglíficos, ¿no son evocados los misterios de la condición humana?

Me he tragado el haba

La palabra ⟨𓃾𓏭⟩ es muy elocuente.

I + U + R = IUR; la palabra está determinada por la mujer, siempre sentada, siempre con peluca, siempre de perfil, pero con un vientre abultado. Sin lugar a dudas, el padre serpiente se ha deslizado en el interior de la madre buitre, que ha quedado IUR, «embarazada».

Ahora bien, otra palabra, IUR, significa «haba».

En castellano existen numerosas expresiones para designar este feliz acontecimiento. En la época de los faraones, cuando una mujer quería anunciar a su tierno esposo que había quedado embarazada, debía murmurarle una frase parecida a ésta: «Amor mío, me he tragado el haba.»

Cuernos... para abrirlo todo

En nuestra cultura, los cuernos no tienen una excelente reputación. En Egipto era al revés. Grandes divinidades como Amón, Osiris o Jnum no dudaban en llevar cuernos. Y el propio par de cuernos sirve para escribir palabras de enorme importancia.

UP

UP significa «abrir», «inaugurar», en diversas expresiones.

UP es abrir la matriz de la mujer durante el parto.

UP es abrir el rostro, la boca y las orejas, durante los ritos de resurrección realizados a la momia.

UP es abrir el año, inaugurar una ceremonia.

UP es abrir una ruta.

Esta idea de «abertura» implica también la de «discernir, juzgar, separar, distinguir», puesto que los dos cuernos traducen dos aspectos que la inteligencia es capaz de discernir sin disociarlos.

Para nacer y crecer, tres pieles y un escarabajo

Cuando la matriz está abierta, puede tener lugar el nacimiento:

MES

nacer

El segundo jeroglífico representa una mujer agachada, con los brazos colgando en señal de cansancio; debajo de ella aparecen la cabeza y las manos de un recién nacido.

Las egipcias daban a luz de pie, asistidas por varias comadronas.

El primer jeroglífico, 𓏠 , representa tres pieles de animales, unidas por la parte superior, y se lee MES.

¿Por qué este extraño símbolo, que significa «nacido de» y que se aplica tanto al faraón, nacido de los dioses, como a un niño, nacido de su padre y su madre? El nacimiento es concebido como la salida al exterior de tres pieles, de tres envoltorios, que sin duda corresponden a la triple concepción del universo: el cielo, el mundo intermedio y la tierra. Un texto revela que «tres son todos los dioses», representando el número tres una totalidad bien construida.

Existe otra manera de traducir la idea de nacimiento, que es escribiendo un escarabajo:

JEPER

nacer, venir a la existencia, devenir, desarrollarse, transformarse

Nacer es insuficiente; es necesario crecer y desarrollarse. A los ojos de los egipcios, el escarabajo era un verdadero alquimista; al hacer rodar entre sus «patas» una pelota de estiércol, preparaba el nacimiento de un nuevo sol.

Ésta es la razón por la que el sol del amanecer es comparado a un escarabajo, símbolo de una vida nueva que surge de las tinieblas; el dios escarabajo se llama Jeper (a menudo escrito Jepri).

Cuando un egipcio quería evocar las etapas de su carrera y de su existencia, decía: «He cumplido mis escarabajos», es decir, felices mutaciones y transformaciones.

El hálito vital, o el viento en las velas

Además del agua, indispensable para la vida, hay otro elemento frecuentemente evocado por los egipcios: el hálito vital.

Para traducir esta noción, sin la cual ninguna existencia es posible, se utiliza el siguiente jeroglífico:

CHAU
el aire

Se trata de un mástil y de una vela hinchada por el viento, el cual no se puede ver, aunque su acción se constata y se percibe como muy real.

Este jeroglífico es utilizado en la expresión «el hálito vital», que las divinidades ofrecen al faraón para que a su vez lo ofrezca a su pueblo.

Disfrutar de este hálito vital por toda la eternidad es una de las mayores felicidades de los resucitados.

Es el alimento esencial que necesita el recién nacido; provisto del hálito vital, puede hacer frente a las primeras pruebas de la existencia.

Un hijo o una hija, o el retorno del pato

El bebé ha nacido, disfruta del hálito vital y comienza a crecer. Pero ¿se trata de un niño o de una niña?

Aquí vuelve a aparecer nuestro pato. se lee SA.

Si se trata de un niño, tendremos:

SA
el hijo

El pato va seguido de un personaje masculino.

Si se trata de una niña:

SAT
la hija

El pato va seguido de la T del femenino y de un personaje femenino sentado.

El niño, ese ignorante

La palabra más habitual para designar al niño es:

JERED
el niño

J + R + D = JERED, la palabra está determinada por un niño desnudo, con un brazo colgando, la mano derecha en la boca, para mostrar que está callado.

Otra designación del niño:

ID

I + D = ID; la palabra está determinada por el mismo signo del niño.

¡Pero ID significa también «el sordo»! En Egipto, el niño no era considerado como un ídolo por el que había que sacrificarlo todo, sino como un ser que había que educar, porque por su naturaleza era sordo a las palabras de la sabiduría. Por lo tanto convenía, como indica Ptahhtotep, «abrir la oreja que está sobre su espalda».

Para indicar la noción de ignorancia, se escribe:

JEM
ignorar

J + M = JEM; la palabra está determinada por dos brazos extendidos, en un gesto de negación e impotencia.

JEM, «ignorar», es también «destruir, hacer daño, perjudicar, excluir, ser seco, árido». Según Egipto, esto es a lo que conduce la ignorancia.

En consecuencia, la educación ocupa un lugar esencial en la sociedad egipcia; y no existe ciencia mayor que la de los jeroglíficos, puesto que la misma permite conocer la realidad en sus aspectos más ocultos.

Tebas oeste, tumba de Ramose. En la parte inferior de esta columna de admirables jeroglíficos del Imperio Nuevo se puede reconocer la mano tendida y las piernas.

Karnak. Una imagen monumental de la pareja.
La esposa, colocada sobre los pies del faraón, goza de la protección del coloso.

17. El nombre

La palabra «nombre» está formada por dos jeroglíficos fáciles de descifrar:

REN
el nombre

Dar un nombre, para un egipcio, es un acto capital, puesto que REN, «el nombre», es un aspecto del ser que sobrevivirá tras la muerte física, si es reconocido como justo por el tribunal del más allá.

Señalemos que REN se compone de ⌒, la boca humana que expresa el verbo, y de 〰, la energía. Nombrar es ciertamente formular una energía; los egipcios afirmaban que conocer el nombre de una cosa o un ser equivalía a conocer su verdadera naturaleza.

Existía una gran cantidad de nombres:[1]

REN   AA
el gran nombre

REN   NEDJES
el pequeño nombre

1. En escritura jeroglífica, el sustantivo precede al adjetivo. Así pues, tenemos «el nombre grande», «el nombre pequeño», etc.

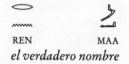

REN   NEFER

el bello nombre

que es el nombre duradero de un resucitado.

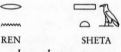

REN   MAA

el verdadero nombre

que es el nombre reconocido como justo, conforme a la regla de Maat, y no un «verdadero nombre», opuesto a un «falso nombre», impensable en el antiguo Egipto.

REN   SHETA

el nombre secreto

dado al niño por su madre o por un sacerdote, y que sólo le era revelado al llegar a la edad adulta, si se le considerada digno de ello.

No había peor castigo, durante un juicio, que quitar el nombre a un criminal condenado y sustituirlo por otro, que llevaría eternamente.

A título de ejemplo, se puede citar el que se dio a uno de los conjurados que había intentado asesinar a Rameses III. Los jueces lo «rebautizaron» con el nombre de «El que odia la luz».

«Pronunciar un nombre» se dice:

DEM   REN

La palabra DEM, simbolizada por el cuchillo, significa «cortar, afilar». Se debe «afilar el nombre», «tallarlo», para hacerlo más preciso y eficaz.

Una palabra muy próxima a REN significa «criar, amamantar».

RENEN

Dar un nombre es alimentar a un ser, criarlo, permitir su desarrollo. La diosa de las cosechas, una cobra hembra, cuya protección era muy buscada, se llamaba RENENET, «la nodriza». Para el espíritu egipcio, «nombrar» y «alimentar» se hallan indisolublemente ligados.

Los últimos nombres egipcios: Susana e Isidoro

A través de los siglos, algunas palabras han desembocado en las lenguas europeas bajo una forma más o menos reconocible. Tal es el caso de dos nombres de pila.

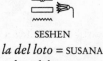

SESHEN

la del loto = SUSANA

S + SH + N = SESHEN; la palabra va seguida de una flor de loto, que las mujeres llevaban como adorno.

Para Isidoro, nombre poco usado en nuestros días, el origen es menos claro aunque igualmente seguro; deriva de Isis-doro, «el que ha dado Isis».[1] Así pues, los Isidoro son los descendientes (al menos de nombre) de los últimos iniciados en los misterios de Isis.

Señalemos que el nombre de pila inglés Humphrey y el castellano Onofre son adaptaciones del egipcio UN-NEFER, «el ser bueno, el ser perfecto», epíteto frecuente del dios Osiris. Así pues, al llamar a alguien Humphrey u Onofre, le estamos dando el calificativo atribuido a... Osiris.

1. En escritura jeroglífica tenemos PA-DI-ASET, «el dado por Isis», «el que ha dado Isis».

PA, «el», ha desaparecido. ASET ha sufrido una transformación fonética para convertirse en Isis, Isi.

El DI egipcio, «dar», se ha convertido en «doro».

Eso ha dado lugar Isis(s)-doro, figurando en primer lugar el nombre de la diosa.

Saqqara, mastaba de Ti.
Un hombre sentado, con una víbora sobre la cabeza.
Este conjunto expresa la idea de llevar.

18. En la escuela de los jeroglíficos

La enseñanza es una buena estrella

«Enseñar» se dice:

SEBA

enseñar

S + B + A = SEBA; la palabra está determinada por un hombre que sostiene un bastón, lo que subraya la necesidad del esfuerzo.

La misma palabra, escrita con el determinativo de la estrella, adquiere otro sentido:

SEBA

estrella

Ahora bien, la palabra «enseñar» también puede escribirse:

uniendo de este modo dos ideas: enseñar es ciertamente un esfuerzo, pero también dar a quien estudia una luz, una estrella, para que pueda orientarse.

SEBA también es «la puerta»; efectivamente, la enseñanza abre la puerta del conocimiento.

Las dos virtudes de un buen alumno:
estar en silencio y saber escuchar

Egipto considera a la persona que habla demasiado como un malhechor y la compara con un árbol seco. Para aprender es preciso ante todo estar en silencio.

GER

silencio, ser silencioso

G + R = GER, el hombre que se lleva la mano a los labios para mostrar que se calla.

Pero el silencio no es suficiente; también hay que aprender a escuchar:

SEDJEM

oreja

Esta oreja, que no es de un ser humano sino de una vaca, equivale a tres sonidos (S + DJ + M = SEDJEM). Es la gran oreja del animal sagrado de la diosa Hathor, reina del cielo.

Recordemos que las orejas se denominan «los vivos».

La información: un asunto del corazón

SUDJA   IB
hacer feliz   *el corazón* = «informar»

= S

= U

, es un bastón que se hunde en un trozo de madera para hacer fuego; el signo equivale a dos sonidos, DJ + A = DJA.

━ , el rollo de papiro sellado indica que la palabra es una idea abstracta.

♡, el ánfora, que simboliza el corazón, se lee IB.

Así pues, la expresión completa se lee SUDJA IB, «hacer feliz al corazón», es decir, instruir e informar.

Desde el punto de vista egipcio, toda información precisa hace feliz. Además hay que disponer de un órgano esencial, este IB, que no es sólo el corazón en tanto que órgano físico, sino más bien la conciencia, concebida como receptáculo del pensamiento y del conocimiento. No hay conocimiento sin corazón, no hay conocimiento sin un corazón grande, afirma Egipto.

El carácter hay que trabajarlo

Para formar el carácter al mismo tiempo que un ser de calidad, nada es equiparable al formón del carpintero, ♀|, que se lee MENEJ.

Seguido del signo de la abstracción, ━, la palabra ♀━, MENEJ, significa «poderoso, eficaz, bien hecho, digno de confianza, excelente, bien ajustado».

Con el formón se puede trabajar un trozo de madera y obtener:

ǀ

QED
el carácter, el estado de ánimo
es decir, una estaca que se puede clavar sólidamente en la tierra.

Según los sabios egipcios, el carácter se trabaja como un material de construcción, y si es de buena calidad proporciona un soporte sólido a su propietario.

Para ver claro, ¡un taladro!

Escuchar es una etapa decisiva hacia el conocimiento; ver es la siguiente.

MA

, la hoz, equivale a dos sonidos: M + A = MA;

, el ojo, indica que la palabra está en relación con la visión.

¿Por qué la hoz?

Para indicar que la visión es un acto de separación (los dos ojos), pero que proporciona un alimento esencial.

Para ver más claro, para tener una mirada penetrante, se utiliza este jeroglífico:

UBA

El signo representa una barrena y el agujero que ha taladrado; vemos la herramienta en acción.

UBA IB, «taladrar el corazón», significa «obtener confidencias de alguien».

UBA HER, «mirada penetrante», significa «el que ve bien», «ser lúcido».

19. Leer y escribir

*Leer
es tener un odre bien lleno*

SHED
leer

El jeroglífico es un odre lleno de agua, y equivale a dos sonidos: SH + D = SHED. La palabra va seguida de un hombre que se lleva la mano a la boca: para leer es necesario el silencio. Por otra parte, la lectura es un alimento, comenzando por el líquido fresco y benéfico que se encuentra en el odre. ¿Qué hay más refrescante que un buen texto?

Así pues, el buen lector dispone de un odre bien lleno.

Quien es capaz de leer, no morirá de sed. Y contra la aridez del corazón, un solo remedio: la lectura.

Además, la raíz *shed* significa también «alimentar con el pecho» (volvemos a encontrar la idea del líquido benéfico), «educar» y «cavar». Por medio de la lectura uno profundiza en sí mismo y en el texto y en los temas estudiados; en pocas palabras, se «cava».

Escribir es dibujar

Para aprender bien los jeroglíficos, hay que dibujarlos. Los antiguos escribas no habrían apreciado nuestras máquinas de escribir ni nuestros ordenadores, puesto que nos privan del auténtico trabajo de la mano. Escribir es saber dibujar, trazar formas sobre un soporte (madera, piedra, papel, etc.).

El jeroglífico utilizado para «escribir» es muy significativo:

SESH

escribir, dibujar

Este jeroglífico, que equivale a dos sonidos (s + sh = sesh), representa el material que necesita el escriba para escribir, material que lleva siempre consigo.

El equipo de escritura comprende:

—el estuche en el que están alineados los cálamos, trozos de caña afilados, comparables a nuestras plumas de ave;

—un recipiente lleno de agua para diluir los panes de tinta;

—una paleta de madera con dos orificios para los panes de tinta negra y roja.

Se utiliza una cuerda para unir entre sí los diferentes elementos del equipo cuando el escriba se desplaza. La paleta sirve de soporte; el escriba, con un pequeño pincel que moja en el recipiente con agua, diluye los panes de tinta. Moja su cálamo en esa tinta y escribe.

Un poco de correspondencia

Los egipcios intercambiaban una abundante correspondencia, no sólo entre los vivos sino también entre los vivos y los muertos.

Por ejemplo, un viudo escribe a su fallecida esposa

para que deje de perseguirlo y le recuerda que siempre se comportó con ella de una manera ejemplar.

Para comenzar una carta, se utiliza una fórmula de cortesía que ya conocemos:

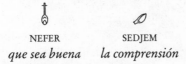

SUDJA   IB

alegrar   *corazón* = «informar»

Así pues, el remitente comienza su carta diciendo: «Pueda yo alegrar tu corazón (informándote)...» Y ésta es la fórmula de despedida:

NEFER   SEDJEM

que sea buena   *la comprensión*

En otras palabras, que el lector de la carta haya comprendido bien lo que la misma contiene. Se podría traducir por: «A buen entendedor...»

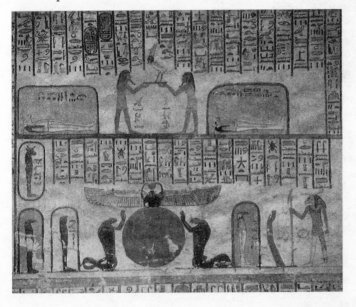

Valle de los Reyes, tumba de Rameses VI. Esta escena nos hace asistir a la resurrección del sol bajo la forma de un escarabajo alado, símbolo de las metamorfosis.

Saqqara, mastaba de Idut. Escriba trabajando, con el material de escritura delante de él. Nótese que su cálamo toca el jeroglífico de la boca humana entreabierta, sutil alusión a la capacidad de expresión de quien escribe.

20. Contar y medir

Hagamos cuentas

Una palabra muy simple:

IP

contar, fijar, distribuir, examinar, enumerar, medir

El término está formado por:

I + P = IP, más el signo de la abstracción, ⌒. Se encuentra en una expresión que los visitantes del gran templo de Karnak ven inscrita a menudo en los muros y que ahora tienen oportunidad de descifrar:

IPET	SUT
la que enumera	*los lugares*

es decir, el templo (la palabra en egipcio es femenina) de Karnak, que hace inventario de todos los demás templos egipcios y les asigna el lugar que les corresponde.

En esta palabra podemos identificar fácilmente IPET, formada por las tres letras, I + □, P + ⌒, T = IPET.

El signo del trono, equivale a dos sonidos, S + T = SET.

Los tres trazos, III, indican que está en plural. Así pues, SET se lee SUT.

En cuanto al jeroglífico ⊗, una circunferencia en el interior de la cual se cortan dos ejes en ángulo recto, simboliza una localidad, y sirve de determinativo para todas las palabras que designan una ciudad, una aglomeración urbana, incluso un país.

Aprendamos a contar en jeroglíficos:

| | = 1
| || = 2
| ||| = 3
| |||| = 4, etc.
| ∩ = 10
| ∩∩ = 20
| ∩∩∩ = 30, etc.
| ℓ = 100
| ℓℓ = 200, etc.

ϟ (la flor de loto) = 1.000

𝄐 (el pulgar) = 10.000

🖐 (el renacuajo) = 100.000

𓁨 (el hombre sentado, con una pluma sobre la cabeza, los brazos levantados en señal de alegría) = 1.000.000, es decir, una infinidad de cosas.

Basta con combinar estos diversos elementos para precisar una cifra. Así,

$$ℓ∩∩|||| = 124$$

Destaquemos un extraordinario rompecabezas para los egiptólogos, el jeroglífico ✕, que se parece a la letra x de nuestro alfabeto y a nuestro signo de multiplicación.

Se le conocen varias lecturas posibles:
UPI, «dividir»;
HESEB, «contar»;

DJAI, «atravesar»;
SUA, «pasar»;
HEDJI, «dañar».

Frecuentemente, sólo el contexto permite descifrarlo.

Unas cuantas medidas

Los egipcios no sólo sabían contar sino que además eran hombres de medidas.

Como constructores de templos, debían de tener el compás en los ojos, aunque este instrumento aún no existiese y para reemplazar sus funciones se emplease una cuerda.

Los escribas lo medían todo: la superficie de los campos, el contenido de los sacos de trigo, las porciones de alimentos, las superficies.

Sería necesario un tratado muy técnico para señalar todos los tipos de medidas egipcias, que difieren de las nuestras; aquí nos limitaremos a presentar algunas nociones básicas.

AA

grande

, es una columna, que equivale a dos sonidos A + A = AA. El signo va seguido del jeroglífico , que significa las ideas abstractas.

NEDJES

pequeño

La palabra se compone de ᷉᷉᷉, N, + , DJ + , S = NEDJES, seguida de , el pajarito, que determina las palabras que entran en la categoría del mal, la desgracia o la pequeñez.

AU

largo

El signo representa una serie de vértebras y la médula espinal; equivale a dos sonidos, A + U = AU.

SEJ

ancho

La palabra se compone de ∥, s + ⊜, J = SEJ, y está determinada por un recipiente grande.

Simbólicamente, la fuente de todas las medidas es el célebre ojo UDJAT, «el ojo completo»:

UDJAT

el ojo completo

Cada una de sus partes, en efecto, equivale a una fracción. Por ejemplo:

la ceja ⌒, equivale a 1/8;

la pupila ○, equivale a 1/4;

la parte delantera del ojo ◁, equivale a 1/2.

«Tener buen ojo» es conocer la justa medida de todas las cosas; «tener mal ojo» es equivocarse en las medidas.

Ejercicio 3

Pregunta: ¿Por qué lo más importante es ⊏?
Respuesta: Porque MER significa «amar».

Pregunta: En Egipto, ¿es bueno ser ⊂⟩⟍, CHERI («querido»)?
Respuesta: Ciertamente no, puesto que esta palabra significa «ser débil, pequeño».

Pregunta: ¿Vale más ⊖⟊ que ⊖⌐?
Respuesta: ¡Todo depende de las circunstancias! La misma palabra REJ significa unas veces «conocer intelectualmente» (con el determinativo ⫾) y otras «conocer carnalmente» (con el determinativo ⌐).

Pregunta: ¿Cuál es la idea abstracta que encarna el tallo del papiro ⫾?
Respuesta: La felicidad, el vigor, la salud.

Pregunta: ¿Por qué la expresión 𓄿 ⌀ es sinónimo de felicidad?
Respuesta: Porque AUT-IB significa «grandeza de corazón».

Pregunta: ¿Se debe respetar a ⟊⌐ ?
Respuesta: Sí, puesto que se trata de IT, «el padre».

Pregunta: ¿Cómo se escribe «abrir»?
Respuesta: ⋃, UP.

Pregunta: ¿Cuál es el jeroglífico que hay que respirar para sobrevivir?
Respuesta: ⟟, CHAU, «el aire».

Pregunta: ¿Qué relación de parentesco indica el pato ⟍?
Respuesta: El signo se lee «hijo, hija».

Pregunta: ¿Es bueno o malo ⊜ 𓅐 ⌒?

Respuesta: Muy malo, ya que JEM significa «ignorar».

Pregunta: ¿Tiene usted un ⌢⌣?

Respuesta: Sin lugar a dudas, puesto que REN significa «nombre».

Pregunta: ¿Es necesario que un profesor realice el acto de 𓂋 𓂋 𓅐 𓀁?

Respuesta: Es indispensable, porque SEBA quiere decir «enseñar».

Pregunta: ¿Por qué ser ⌒ era un ideal a los ojos de los egipcios?

Respuesta: Porque la palabra GER significa «ser silencioso».

Pregunta: ¿Qué significa 𓂝 ⌢?

Respuesta: MA significa «ver».

Pregunta: ¿Es necesario aprender a 𓌡 𓀁?

Respuesta: Sin duda alguna, ya que SHED significa «leer».

Pregunta: ¿A qué actividad se entrega un arquitecto cuando 𓂝 ▫ ?

Respuesta: IP significa «contar, medir».

Pregunta: ¿Cómo se lee 𓏺𓏺𓎆𓎆𓏼𓏼?

Respuesta: 234

Pregunta: El obelisco de la plaza de la Concordia es 𓊨𓊨 AA o 𓋴𓏤𓅐, NEDJES?

Respuesta: Es AA, «grande», y no NEDJES, «pequeño».

21. Palabra de jeroglíficos

La palabra es un bastón; la voz, un remo

Egipto otorgaba un lugar muy destacado al silencio y pedía que no se derrochasen las palabras; el exceso de palabras era considerado como un gran defecto. La palabra y la voz son herramientas; dos importantes jeroglíficos son utilizados para representarlas. Ya conocemos el primero:

MEDU
la palabra

El bastón, MEDU, es utilizado en la expresión MEDU NETER «las palabras (o bastones) de Dios», es decir, los jeroglíficos y los textos sagrados. Este bastón es indispensable para recorrer los caminos del otro mundo. En tanto que bastón, sirve para que el viajero aparte de sí cualquier peligro. En tanto que palabra, le permite pronunciar las fórmulas de conocimiento que le abrirán todas las puertas.

El jeroglífico que se emplea para decir «voz» es un remo:

JERU
la voz

El término es utilizado en la muy importante expresión MAA JERU, «justa voz», que designa al ser reconocido justo por el tribunal del otro mundo, y por lo tanto, apto para la resurrección.

Así como el bastón de la palabra se utiliza para los desplazamientos terrestres, el remo de la voz se emplea para los viajes por mar.

Nuestra voz, nuestra formulación, nuestra manera de expresarnos, deben permitirnos orientar correctamente nuestra nave por el río de la existencia.

La lengua, ¿un trono o una llama?

El fabulista griego Esopo, que en gran medida se inspiró en la sabiduría egipcia, escribía que la lengua era la mejor y la peor de las cosas.

Veamos el jeroglífico:

NES
la lengua

representada de perfil, en sección, en el interior de la boca.

Esta raíz, NES, sirve para formar la palabra NESET, «trono».

En otras palabras, la lengua puede ser el trono de la expresión y del mando.

La expresión IMY-R, «lo que está en la boca», es decir, la lengua, se traduce por «jefe, el que da las órdenes».

Pero NES es también «la llama»; la lengua puede quemar, destruir: aniquila por el fuego y por el exceso al que la emplea mal.

Palabras que hay que decir...

¿Cómo comienza un capítulo en un texto egipcio? ¿Cómo se introduce una escena ritual grabada en los muros de un templo?

Por este grupo de jeroglíficos que se encuentra con mucha frecuencia:

DJED MEDU
palabra *a decir*

Aquí, el escriba no nos ha defraudado y ha tendido una nueva trampa bajo los pies de los egiptólogos en ciernes.

, en efecto, es una abreviatura de la palabra , que se lee fácilmente, , DJ + , D = DJED, «decir».

El bastón ya nos es familiar; se lee MEDU y significa «palabra».

El grupo

se traduce por «pronunciar la palabra», «palabras que hay que pronunciar», «palabras a decir».

Quien visite los templos egipcios y deje vagar su mirada por sus muros, pronto descubrirá numerosos ejemplos de esta fómula. Cuando el faraón se dirige a los dioses, o bien cuando los dioses se dirigen al faraón, utilizan esta expresión al comienzo de sus discursos.

Además, el verbo DJED «decir, pronunciar», puede confundirse con otro verbo, DJED, «durar, ser estable». De este modo las palabras pronunciadas por los dioses y por el faraón son duraderas y aseguran la estabilidad del reino.

Que la palabra sea un nudo mágico

El signo jeroglífico:

se lee ⋈ CHES

¿De qué se trata? De una vértebra, un nudo y una cola de milano (que en la arquitectura egipcia sirve para unir las piedras entre sí).

He aquí un signo de unión por excelencia: en el interior del cuerpo humano (la vértebra), en el vestido y la magia (el nudo), en un edificio (la cola de milano).

A los ojos de un antiguo egipcio, cualquier nudo poseía un carácter mágico. Isis, la gran maga, conocía la ciencia de los nudos y los podía hacer y deshacer. Ahora bien, ⋈, CHES, significa también «palabra mágica», «fórmula mágica», «discurso que une», «la sentencia». Quien pronuncia un CHES anuda entre sí dos elementos, reúne lo que estaba disperso, efectúa el acto de unión utilizando la energía de la palabra. En tanto que instrumento mágico, la palabra ata, reúne y une.

Karnak, templo de Jomsu. Un ejemplo de jeroglíficos característicos de la época ramesida, profundamente grabados en piedra. Se reconoce la corona roja.

22. Pensar en jeroglíficos

Conocer o caer

«Conocer» se dice:

REJ

conocer

La palabra está formada por ⌣, R + ◉, J = REJ, determinada por el signo de la abstracción.

Así pues, el hecho de «conocer» es el resultado de la actividad del verbo (la boca que formula, ⌣) y de una selección que separa lo esencial de lo secundario (el tamiz ◉).

Si invertimos las dos consonantes que forman las palabras, obtenemos JER, es decir, la palabra:

JER

caer

con la imagen del hombre caído.

El ignorante, el que se niega a conocer, está condenado a caer y hundirse.

Varias maneras de pensar

En jeroglíficos existen varias maneras de decir «pensar», puesto que esta actividad del espíritu era esencial a los ojos de los egipcios.

Veamos tres:

JEMET

pensar

La palabra está formada por ⬭, J + , M + ⌒, T = JE-MET, determinada por el signo de la abstracción, ▌.

Hay que destacar que este término es sinónimo del número «tres» (JEMET). El uno, la unidad divina, y el dos, que simboliza la primera pareja divina (Shu, la luz; Tefnut, su receptáculo), están más allá del pensamiento humano, que comienza con el tres.

KA

pensar

La palabra se compone de ⌒, K + , A = KA, determinada por el signo de la abstracción. El término es sinónimo de KA, «energía creadora»; en efecto, el acto de pensar consiste en utilizar esta energía inmortal, a fin de introducir el espíritu en la materia.

SIA

tener la intuición, pensar de una manera intuitiva

Este jeroglífico, seguido del signo de la abstracción, representa una tela plegada, con flecos; fue elegido para simbolizar el aspecto más misterioso del pensamiento humano, su capacidad de intuición, es decir, de contacto directo con lo sagrado y lo divino, que parece escondido en el interior de dicha tela. El faraón es quien tiene la mayor SIA, intuición, y la expresa mediante la palabra cuando dicta sus decretos.

Saqqara, mastaba de Idut.
El escriba lleva sobre la oreja cálamos de repuesto.

Karnak. En medio de columnas de jeroglíficos,
Tot extiende los brazos, y da de este modo una de las medidas del templo.

23. Crear con jeroglíficos

El ojo es creador

IR

crear, hacer

No hay duda: el ojo es creador, el ojo ha sido elegido para expresar la idea de «hacer», de «crear». Esta elección no es casual. Si «oír, escuchar» (con ⌀, SEDJEM, la oreja de vaca) es la actitud correcta para recibir el conocimiento, a continuación hay que actuar. Entonces interviene el ojo. Abrir los ojos es entrar en el ámbito de la acción, con una mirada lúcida y constructiva. Por otra parte, los párpados se denominan «los brazos del ojo».

El que está representado no es el ojo humano sino el del halcón Horus, que ve de una manera mucho más intensa y precisa que el de un ser humano.

Ahora bien, «el ojo de Horus» es el nombre de toda ofrenda: leche, pan, vino, etc. Una ofrenda a las divinidades es un «ojo de Horus»; es decir, que para ver lo divino, hay que hacer una ofrenda.

Incluso en la muerte, el egipcio mantiene los ojos abiertos; no se debe cerrar los ojos de la momia, puesto que tiene que discernir su camino en el otro mundo.

El creador tiene dos ojos: el derecho es el Sol, el izquierdo la Luna. Si el ojo de Dios abandona su rostro y huye lejos, la desgracia se abate sobre la humanidad; Tot, el señor de los jeroglíficos, debe partir a la búsqueda de este ojo y volverlo a colocar en su sitio. Así podrán reinar nuevamente la armonía y la felicidad.

SEDJEM, «oír», es tener la oreja de la vaca Hathor, diosa de las estrellas.

IR, «crear», es tener el ojo del halcón Horus, el dios del cielo.

Hathor y Horus celebran sus esponsales durante una fiesta magnífica que reúne a sacerdotes y sacerdotisas de los templos de Dandara y Edfú.

Un creador debe tener una jarra

Tomemos una jarra, una simple jarra:

JENEM

Este modesto objeto sirve para escribir el nombre del dios Jnum, hombre con cabeza de carnero, uno de cuyos principales cometidos consiste en ser el alfarero que da forma a los seres en su torno. La pequeña jarra, que ha sido modelada por el alfarero divino, se lee JENEM y significa «juntar, unir, proteger, hacer, modelar, crear». La imagen del alfarero trabajando en su torno es la de un creador sereno, atento a transformar la materia prima (la tierra) en objetos indispensables para la vida cotidiana.

24. De la belleza y la verdad

Lo bello, lo bueno...

El jeroglífico ⚱, que representa la tráquea y el corazón (o los pulmones), se lee NEFER, y significa «bello, bueno, perfecto, completo».

Ya lo hemos encontrado con el signficado de «bueno», opuesto a «malo», y como calificativo de Osiris, «el ser bueno», perfectamente realizado, que atraviesa la prueba de la muerte para resucitar.

¿Qué consideraban los egipcios como bello y bueno?

La siguiente lista de jeroglíficos nos los aclarará:

	NEFER	el brillo del sol
	NEFERET	la vaca
	NEFER	el vestido del dios (⊓ simboliza la tela)
	NEFER	el grano (⌷ es una medida de la que sale el grano)
	NEFER	el vino, la cerveza
	NEFER	la necrópolis (donde se encuentran las moradas eternas)
	NEFER	la tumba del rey (o de dios)
	NEFER	el joven hermoso (= el futuro recluta del ejército)
	NEFERET	la corona blanca (del faraón)

La belleza está en el ojo

AN

ser bello

La palabra se compone de ◢, A + 〜〜 , N = AN, seguida del signo del ojo pintado.

Para expresar la noción de belleza, de encanto, Egipto no podía imaginar nada mejor que un ojo realzado mediante un hábil maquillaje, lo que no deja de estar en relación con el arte de la escritura puesto que Seshat, diosa protectora de los libros y los jeroglíficos, es también la patrona de las maquilladoras.

Ésta es la razón por la que la palabra ANY, «el encantador», designa la escribanía.

ANET, «la uña», debe ser bella y estar cuidada; la expresión «hacerse las uñas» existe tal cual en los jeroglíficos. AN es también uno de los nombres de la azuela, la herramienta de carpintero con la que quien ejecuta el ritual abre los ojos y la boca de la momia, creando de este modo una belleza sobrenatural.

La verdad es una pluma de avestruz

¿Hacia dónde se orienta la enseñanza egipcia?
¿Cuál es la base de la civilización faraónica?
¿Cuál es la meta que buscan los sabios?
Una simple pluma de avestruz,

ʃ

MAAT

Este jeroglífico equivale a cuatro sonidos, y la palabra puede escribirse así:

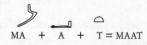

MA + A + T = MAAT

La pluma de Maat, durante el juicio del ser ante Osiris, es depositada en uno de los platillos de la balanza: en el otro, el corazón de aquel o aquella que comparece ante el tribunal divino. Ese corazón debe ser tan ligero como la pluma de Maat para ser reconocido como justo y tener acceso a la inmortalidad.

Maat es la norma eterna que rige el universo; existía antes de la aparición de la humanidad y seguirá existiendo tras su desaparición.

Maat es la precisión, la verdad, el orden del mundo, el timón que orienta la nave, el codo que mide todas las cosas; el verbo MAA significa «conducir, dirigir, estirar la cuerda», y también «realizar ofrendas», puesto que la ofrenda es el medio más eficaz para oponerse a la desgracia y al desorden.

Maat también puede escribirse con ⌂, el pedestal de las estatuas, o en otras palabras, el equilibrio por excelencia.

Lo opuesto a Maat es:

ISEFET

el desorden, el caos, la desgracia, la injusticia

La palabra ISEFET está determinada por «el pájaro del mal».

Maat es el núcleo del pensamiento egipcio y de su civilización; la principal función del faraón es hacer que Maat ocupe el lugar de ISEFET, el orden en lugar del desorden, la verdad en lugar de la mentira.

No hay mayor tarea que ésta, puesto que la felicidad de un pueblo, como la de un individuo, depende de la práctica de Maat, que es a la vez exactitud y justicia.

El tribunal del otro mundo sólo formula una pregunta fundamental a quien se presenta delante de él:

«¿Has respetado y practicado Maat durante el tiempo de tu existencia?»

Museo de El Cairo. Todo es jeroglífico, incluida esta extraña obra, denominada «estatua-cubo», de la que emerge una cabeza humana que domina una escena ritual y los jeroglíficos.

25. En compañía de los dioses

Las divinidades en jeroglíficos

Egipto estaba poblado de divinidades.
Entrar en el ámbito de lo sagrado significa encontrar:

DJESER

sagrado, espléndido, magnífico

El brazo armado que sostiene un cetro equivale a tres sonidos: ⌐, DJ + ⌐, S + ⌐, R = DJESER.

Tal es el nombre del célebre faraón DYESER, más conocido como DJOSER, el cual, con su arquitecto Imhotep, fue el constructor de la pirámide escalonada de Saqqara.

Esta palabra, DJESER, significa también «apartar, aislar», puesto que el mundo sagrado debe ser separado del mundo profano.

En escritura jeroglífica, ¿qué es Dios?

NETER

Un mástil en cuyo extremo ondea una tela.

La palabra es sinónima de NETER, «el natrón», es decir, la sal que permite conservar el cuerpo para la momificación, o sea, para «divinizarlo»; en femenino, NETE-RET es el «ojo divino». Este mástil era fijado en la fachada de los templos; de esta manera, desde lejos, se podía ver ondear al viento la bandera de la divinidad, que indicaba el recinto de lo sagrado.

En los jeroglíficos se encuentra a menudo la divinidad masculina bajo la forma de 𓀭, personaje que lleva una peluca y una barba postiza, y que aparece sentado y tranquilo; la divinidad femenina está representada por una mujer sentada, también serena, 𓁐.

El nombre de Atum, primera divinidad que despertó en el océano de energía, Nun, se escribe con un trineo, 𓌨, que servía para transportar las piedras destinadas a la construcción de los edificios sagrados.

Este nombre, Atum, significa a la vez «ser» y «no ser», incluyendo de este modo a todas las formas de vida.

Nombres jeroglíficos de algunas grandes divinidades

𓇳	R + A	RA	Ra
𓏏	I + M + N (𓏠 equivale a dos sonidos, MN)	IMEN	Amón
𓅃	H + R (𓅃 equivale a dos sonidos, HR)	HER	Horus
𓊪𓏏𓎛	P + T + H	PTAH	Ptah
𓇋𓈖𓊪	I + N + P	INEP	Anubis

Los nombres de Osiris y de Isis plantean problemas de lectura y de interpretación:

𓊨𓁹   se lee USIR, de donde procede OSIRIS (¿el asiento del ojo?);

𓊨   se lee ASET, de donde procede ISIS, «el trono, el asiento».

Una buena actitud frente a las divinidades:

DUA
adorar, venerar,
términos que también pueden escribirse con ✕, la estrella.

Que las divinidades nos libren del mal

es un gorrión o un pájaro de la misma familia; es una criatura ruidosa, inquieta, destructora, que se reproduce hasta el infinito. Se coloca al final de las palabras que entran en la categoría de lo que es malo, pequeño y débil. También se le denomina «el pájaro del mal».

Ya hemos encontrado la palabra que designa el mal en sí, ISEFET, por oposición a MAAT, el orden, la norma, la justicia. Estos dos términos también son corrientes:

BIN
el mal

DJU
el mal

◡, la montaña, el desierto, equivale a dos sonidos DJ + U; es una región peligrosa en la que rondan las criaturas de Set.

IU
la mala acción, el mal

Este término, escrito con la vaca tumbada, inmóvil, equivale a dos sonidos, I + U. Es sinónimo del verbo IU «estar sin barca», es decir, condenado a la desgracia y la indigencia, porque el que está sin barca no tiene posibilidad de pasar de una orilla a otra ni de viajar por el río del otro mundo.

Entre los seres que encarnan el mal, hay que citar la enorme serpiente que se encuentra en las tumbas del Valle de los Reyes y que intenta beber el Nilo para impedir que la barca solar avance y el sol resucite. Gracias a ciertas fórmulas mágicas, la tripulación de la barca la encadena al suelo.

Esta serpiente, que nuestra Edad Media convertirá en dragón, se denomina:

APEP

más conocida con el nombre de Apofis.

También se le da el nombre de

NIK

Otras formas del mal que hay que combatir:

AD

la agresividad

La palabra está determinada por un cocodrilo, temible por su formidable capacidad para atacar.

AD significa también «temblar, palpitar», ya que la agresividad nos hace perder la serenidad y la paz interior.

FENEDJ, «estar colérico», significa literalmente «tener (a alguien) en la nariz», que en castellano equivaldría a «tener a alguien entre ceja y ceja».

SENEDJ

el miedo

es un ánade listo para ser cocinado, que equivale a tres sonidos (s + N + DJ). ¡A qué estado reduce el miedo!

Pero el peor mal que puede atacar a un individuo es

AUN   IB
la codicia   *de corazón*

es decir, la avidez y la envidia.

Recordemos la advertencia de los sabios:

«La avidez es la enfermedad grave de un incurable...
La avidez es la reunión de todas las clases de mal; es un
saco que contiene todo lo que es aborrecible.
»El codicioso no tendrá tumba.»[1]

¿Quién podrá librarnos de todos estos males sino
los dioses, y particularmente una Isis benefactora?
Una oración que se le dirigía:

ASET   SEFEJ   UI   M   BIN
Isis   *libra*   *a mí*   *del*   *mal.*

1. Véase Christian Jacq, *L'Enseignement du sage Ptahhotep*, Éditions de la Maison de Vie, págs. 97-99.

Saqqara, mastaba de Mereruka.
Los dos signos, la boca y el tamiz, forman el verbo REJ, «conocer».

26. Una buena casa
en
una buena ciudad

A menudo se dice que la felicidad es tener un techo y un amor. Ocupémonos del techo; la palabra egipcia más frecuente para «casa» es:

⌐⌐

PER

Más que una simple casa, el jeroglífico representa un recinto cerrado; probablemente es una propiedad rural bien delimitada. Predomina la noción de recinto protector, con una puerta de acceso.

Esta casa puede encontrarse tanto en el campo como en la ciudad, que se escribe así:

⊗

NIUT
ciudad

Extraño jeroglífico, en verdad, puesto que las ciudades egipcias no se parecen a este círculo ocupado por dos grandes arterias que se cortan perpendicularmente.

El interés del signo radica en la asociación del círculo a la cruz, es decir, en la organización del espacio de manera simbólica.

Museo de El Cairo. Sobre el dintel de esta puerta, dos ojos contemplan al que va a pasar al otro mundo. Página anterior.

27. ¡A la mesa!

Comamos y bebamos

Tres maneras de escribir el verbo «comer»:

UNEM

Los signos ✝, ⚶ y 🐇 equivalen a dos sonidos (U + N), completando la palabra el signo 🐦, M, y el hombre que se lleva la mano a la boca.

En estas tres maneras de escribir «comer», vemos:

—la utilización de la flor, ⚶, sin duda para indicar que conviene asimilar el aspecto sutil de los alimentos, el más importante, puesto que nutre al KA;

—la liebre, 🐇, cuya voracidad es conocida, con una indudable alusión a Osiris, encarnación de la tierra nutricia y del grano que muere para dar nacimiento al trigo;

—en cuanto al objeto ✝, una estaca con dos barras transversales, que recuerda una cruz, es un enigma. Esperemos que algún estudioso de los jeroglíficos aporte algún día toda la luz sobre este signo.

UNEM sirve también para designar «la llama», es decir, la masa gaseosa que come, devora y absorbe los materiales que consume.

Tebas oeste, tumba de Ramose. El sublime rostro de una invitada a un banquete. Página anterior.

Pasemos a una actividad esencial, beber:

SUR

La palabra se escribe con —, S, , la golondrina que equivale a dos sonidos, U + R, y ⌒, R, que se añade para facilitar su lectura. El determinativo es, lógicamente, un hombre que se lleva la mano a la boca.

UNEM «comer»; SUR, «beber».

Pero, ¿qué comer y qué beber?

La alimentación de los antiguos egipcios era rica y variada, sin relación con la de los egipcios modernos. Carnes, pescados (gran número de especies comestibles que vivían en el Nilo han desaparecido), legumbres, verduras, frutas, pasteles, buenos caldos, vinos de mesa, cerveza...

La lista de las comidas sabrosas sería muy extensa.

Sin embargo, para simbolizar el conjunto de los alimentos sólidos y líquidos los escribas recurrían a una expresión frecuentemente utilizada en los textos:

θ   ᶿ̆

T   HENEKET
pan   *cerveza*

θ, es un pan que sobresale en un molde; su lectura es T.
ᶿ̆, es un cántaro que contiene cerveza; su lectura es HE-NEKET.

Disponer de T-HENEKET, de pan-cerveza, significa disponer de los alimentos básicos, formados por un pan a base de cereales de calidad (particularmente espelta) y de una cerveza a la vez nutritiva y digestiva.

Este grupo de jeroglíficos se encuentra en una expresión muy frecuente en los muros de las tumbas:

lo que sale de la voz = la ofrenda

⊏⊐, el recinto, se lee PERET, y aquí significa «lo que sale».
ᶘ, el remo, se lee JERU y significa «voz».

La expresión PERET-JERU se traduce «lo que sale de la voz»; se evocan de este modo las palabras rituales que hacen «salir» los alimentos, simbolizados por el pan-cerveza, y que las convierten en realidad. Gracias a los jeroglíficos, el verbo se hace buena carne.

Hay un tema central sobre el que los antiguos egipcios insistieron mucho: el vino.

IREP

El Egipto faraónico fue una civilización del viñedo; los grandes caldos del Delta y de los oasis eran muy famosos. En las tumbas frecuentemente están representadas escenas de la vendimia; el descanso bajo una parra cargada de grandes racimos era un apreciado placer.

Durante los banquetes y las fiestas se bebía vino. Los viñedos fueron destruidos durante la invasión árabe.

El turista contemporáneo habrá de contentarse (o más bien abstenerse) de las botellas bautizadas con el nombre del poeta Umar Jayyam, que fue un gran amante del vino y que no merecía un destino tan cruel.

¡A tu salud!

Quien habla de cerveza y de vino, evoca la célebre fórmula de cortesía: «¡A tu salud!», que en escritura jeroglífica se representa del siguiente modo:

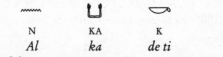

N	KA	K
Al	*ka*	*de ti*

en otras palabras, «para tu KA», «para tu energía vital».

Una cocina limpia

En el Egipto faraónico, la higiene y la limpieza eran preocupaciones constantes.

Se encuentran restos de estas exigencias en el propio nombre de la cocina:

UABET

Literalmente, la palabra UABET significa «el lugar puro», limpio, donde sólo deben entrar alimentos puros.

La propia palabra, UABET, sirve para designar el taller de momificación, donde se prepara el cuerpo de inmortalidad, que debe estar libre de toda mancha.

UABET es también la tumba, pura de todo mal. UAB es «la comida de ofrenda», debidamente purificada por los ritos.

o , UAB, «el puro», es el título de cualquier persona que es admitida en el templo, después de haber sido purificada por el agua.

Otro medio de purificación, presente en una cocina: la llama, cuya utilidad para la cocción de los alimentos es evidente.

Entre las numerosas designaciones de la llama, en jeroglíficos, retengamos ésta:

NESER

La parte inferior del jeroglífico, visto desde arriba, representa tres piedras en torno a un hogar, del que se eleva una llama.

Tres comidas al día

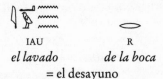

IAU

R

el lavado   *de la boca*

= el desayuno

La palabra se compone de 𓇋 I + 𓄿, A + 𓅡, U = IAU, seguida del signo del agua, y de 𓂋, R, la boca.

La expresión indica que el desayuno comenzaba por las abluciones y la purificación, con la idea subyacente de que los alimentos absorbidos debían mantener la boca pura.

SETY

R

el buen sabor   *de la boca*

= el almuerzo

La palabra se compone de 𓋴, S + 𓐍, T + 𓏤, Y = SETY, con el determinativo 𓏴, que indica que la palabra pertenece a la categoría de los olores y los perfumes. No se sabe con certeza lo que representa este jeroglífico; unos hablan de un saco de perfume, otros de una... pústula. SETY significa «el perfume», «el buen olor», «el buen sabor»; el término va seguido de 𓂋, «la boca».

Para el almuerzo, por consiguiente, se insiste en la calidad y el sabor de los alimentos, que sin duda alguna debían mantener un buen aliento.

Viene finalmente:

MESHERUT

el de la noche = la cena

La palabra se compone de:

𓅓, M + 𓈙, SH + 𓂋, RU + 𓏏, T = MESHERUT, seguida de 𓇳, que indica un momento de la jornada.

El término también podría comprenderse como «lo que se aprecia por medio de la (M) nariz (SHERET)»; la cena también debía ofrecer olores agradables.

Quien duerme, cena

Después de una buena cena, una excelente noche de descanso.

También hace falta disponer de una buena cama; éste es su nombre:

ACHUT
la cama

La palabra se compone de:

A + , CH + , U + , T = ACHUT, seguida de , una rama, que indica que la palabra forma parte de la categoría de los objetos de madera.

Ahora bien, la raíz ACHI sirve para escribir la palabra de la nodriza; de ahí a concluir que la cama (por lo tanto, el sueño) alimenta como una nodriza y que «quien duerme, cena», no hay más distancia que la de un jeroglífico.

28. ¡Mientras haya salud!

La salud está en el ojo

SENEB
la salud

La palabra se compone de ⌐, S + ᜏᜏᜏ, N + ⌐, B, más el determinativo de las ideas abstractas.

Otra palabra para expresar una idea similar:

UDJA

La palabra se componde de ⌐, U + ⌐, DJ + ⌐, A, más el determinativo de las ideas abstractas.

Esta raíz, UDJA, significa también «ir, moverse, avanzar lentamente», por lo tanto ir bien. ¿Acaso moverse de manera correcta no es prueba de buena salud?

El UDJAT es el ojo completo, sano, intacto, que servía de modelo a uno de los amuletos protectores más buscados, tanto por los antiguos egipcios como por los turistas modernos.

Se debe concluir por tanto, sin lugar a dudas, que para los felices súbditos del faraón la salud estaba en el ojo.

Una energía inagotable

La salud se cuida. El alimento básico es:

〰
〰
〰

MU

el agua

Esta raíz MU sirve para escribir otras palabras relacionadas con el aspecto líquido, por ejemplo, «la orina» o «la saliva» (literalmente: «el agua de la boca»).

¿De dónde proceden esta agua y esta energía tan importantes?

De un depósito inagotable, de una especie de océano cósmico que contiene todas las formas de vida y que los egipcios llamaban:

〇 〇 〇 〰

NUN

Las tres pequeñas vasijas corresponden a un triple sonido (N + U + N = NUN); las tres ondulaciones superpuestas del final de la palabra indican que se trata de un estado líquido y energético.

Según los textos filosóficos egipcios, este NUN es inagotable. Es comparable a una inmensidad sin límites de donde emergen algunos islotes, como la tierra, que volverá al NUN del que surgió.

Así pues, nuestra desaparición está programada.

Toda forma de energía, ya se trate del Nilo o del agua de una fuente, procede de este océano, «materia» de la que todo está constituido.

¡Arreglarse el pelo!

El jeroglífico representa una mata de pelo con bucles. Corresponde a dos sonidos SH + N = SHEN.

Esta palabra, SHEN, significa, claro está, «la cabellera».

Pero la misma mata de pelo tiene otras dos lecturas.

⊓

INEM
la piel

⊓

IUN
el color

Por medio del jeroglífico de la mata de pelo, Egipto relaciona estrechamente entre sí la nociones de «cabellera», «piel» y «color», características de un ser humano normalmente desarrollado y armonioso.

Hay que añadir la noción de «duelo»; durante los funerales, las plañideras se soltaban el pelo y lo dejaban flotar libremente, en señal de tristeza.

Al margen de este último aspecto, para tener una buena piel y color, más vale arreglarse el pelo...

Karnak. Seshat, soberana de la morada de los libros y señora de la escritura, participa en la creación del templo hincando una estaca.

Ejercicio 4

Pregunta: ¿Por qué jeroglífico se simboliza la voz?
Respuesta: El remo, ⌡, JERU.

Pregunta: ¿Puede usted leer y traducir ⊳⊲?
Respuesta: CHES, «palabra mágica», «frase».

Pregunta: ¿Vale más ⬭🦅⌐⌡ o ═⌡?
Respuesta: Los dos. La primera palabra, JEMET, significa «pensar»; la segunda, SIA, «pensar de manera intuitiva».

Pregunta: ¿Cuál es el jeroglífico que sirve para escribir «lo bello, lo bueno, el bien»?
Respuesta: ⌡, NEFER.

Pregunta: ¿Cuáles son los jeroglíficos que sirven para escribir la verdad, la justicia, la armonía, la rectitud, la norma?
Respuesta: ⌡ y ═ (MAA, MAAT).

Pregunta: Frente a las pirámides, el peregrino pronuncia una sola palabra: 🖐🥣.
¿Por qué?
Respuesta: Porque DJESER significa «sagrado, espléndido, magnífico».

Pregunta: Si nos cruzamos con alguien o alguna cosa que es ⌡⌡🦅〰, ¿hay que aproximarse o apartarse?
Respuesta: Apartarse, puesto que BIN significa «mal, malo».

Pregunta: ¿Hay que deconfiar de alguien que es 🦅⬯〰?
Respuesta: Muchísimo, puesto que AD significa «agresividad, ser agresivo».

Pregunta: ¿En qué estado se encuentra uno cuando tiene ⟨glifo⟩?
Respuesta: SENEDJ significa «miedo, tener miedo».

Pregunta: ¿Por qué se dice que ⟨glifo⟩ es un mal mortal?
Respuesta: Porque se trata de AUN-IB, «la codicia de corazón».

Pregunta: ¿Es mejor vivir en ⟨glifo⟩ o en ⟨glifo⟩?
Respuesta: Pueden hacerse ambas cosas: PER significa «casa»; NIUT, «la ciudad».

Pregunta: ¿Es preferible ⟨glifo⟩ o ⟨glifo⟩?
Respuesta: Uno y otro son indispensables: UNEM significa «comer», SUR, «beber».

Pregunta: Si le ofrecen ⟨glifo⟩, ¿lo aceptará?
Respuesta: Sí, sobre todo si es de buena calidad, puesto que se trata de IREP, «vino».

Pregunta: ¿Es prudente utilizar ⟨glifo⟩?
Respuesta: Se trata de NESER, «la llama».

Pregunta: Si le invitan a un ⟨glifo⟩, ¿es conveniente aceptar?
Respuesta: Por supuesto, porque se trata de SETY-R, «el buen olor de la boca», es decir, el almuerzo.

Pregunta: Si le invitan a la ⟨glifo⟩, ¿es conveniente aceptar?
Respuesta: Todo depende de quién lo proponga, puesto que se trata de ACHUT, «la cama».

Pregunta: ¿Por qué muchas personas consideran que ⟨glifo⟩ es el bien más precioso?
Respuesta: Porque se trata de SENEB, «la salud».

Pregunta: ¿El 〰 es indispensable?
Respuesta: Ciertamente, puesto que se trata de MU, «el agua».

Pregunta: ¿Cuál es el jeroglífico que pone en relación los cabellos, la piel y el color?
Respuesta: 〰, la mata de pelo.

29. El médico

Si es un técnico que utiliza fórmulas mágicas, es ciertamente un médico:

SUNU
el médico

La palabra está formada por ➤, la flecha (que implica el hecho de dar en el blanco, cuya precisión es el diagnóstico) y por la vasija ⍜ (que contiene los remedios).

La raíz SUN significa también «enfermedad, dolor», que el médico debe curar y aliviar.

Para la receta, hay que dirigirse a la cabeza de antílope:

SHESA
ser hábil, estar instruido
y *receta médica*

Este cuadrúpedo, rápido y astuto, fue considerado como un modelo por el médico, que también debe actuar con la máxima rapidez y precisión.

Cabe destacar la escritura de la palabra «remedio»:

PEJERET
remedio, poción, medicamento

Este signo representa los intestinos; la raíz PEJER significa «circular». El remedio administrado por el médico debe circular por todo el cuerpo, comenzando al parecer por los intestinos, que constituyen el circuito interno más espectacular.

Hay que destacar que la palabra «farmacéutico» deriva del antiguo egipcio y significa literalmente «preparador de remedios mágicos»; así pues, nuestros mejores brujos se encuentran hoy en los laboratorios.

Saqqara, mastaba de Mereruka.
El sacrificio ritual del buey y el corte de la pata,
que es un jeroglífico que significa «poder».

30. La jornada laboral

Levantémonos con buen pie

Tomemos un buen pie, ⌐, bien recto y firme.
Estirémonos después levantando los brazos, ⊔.
Miremos al sol naciente, ⊙.
Obtenemos la palabra:

⌐⊔⊙

BEKA
la mañana

palabra formada por ⌐, B + ⊔, KA = BEKA, que se podría
traducir por «lugar de la energía».

PESEDJ
la espalda

es sinónimo de PESEDJ, «luz».

Hay que subrayar la importancia de la columna ver-
tebral, por la que circula una energía comparable a la
luz que atraviesa todos los espacios.

Si nos levantamos con buen pie y con la espalda en buen
estado, tenemos un buen aspecto y una cara simpática:

TEP   NEFER
cabeza   *buena*

«Buena cara» también significa «buena manera de
actuar».

Si asociamos el rostro a la cabeza, obtenemos:

HER   TEP

el que predomina   y que ordena
la imagen misma de la autoridad.

Para significar la acción inmediata, se asocia el rostro al brazo:

HER   AUY

cara   *dos brazos*

que tiene el significado de «inmediatamente»; en otras palabras, la cabeza transmite sin dilación la orden a los brazos, que actúan.

Para levantarnos, pongamos la escala

Toda cosa buena tiene una finalidad, incluso un sueño reparador. Hay que levantarse y ponerse de pie. La lengua jeroglífica reúne estas nociones en un término expresivo:

AHA

levantarse, ponerse de pie, estar de pie

El jeroglífico 🚩, que equivale a tres sonidos A + H + A = AHA, representa un mástil de barco rematado por una escala de cuerda.

El signo ∧ indica que la palabra entra en la categoría de los términos que implican un movimiento, como cuando una persona se levanta para ponerse de pie.

Estar de pie de manera correcta, para un egipcio, no es estar estático sino moverse como el mástil y la escala de un barco, si bien fijos y sólidos, también capaces de resistir los vientos y el movimiento del barco sin romperse ni perder su estabilidad.

El término AHA designa la posición correcta de las cosas o el emplazamieno correcto de los que participan en un ritual. Implica un movimiento ordenado que tiene por resultado la estabilidad.

Además, el término AHAU, determinado por el sol, significa «el tiempo de la vida». Nuestra existencia es el período durante el cual estamos de pie, rectos como un mástil de barco, y somos capaces de utilizar la escala de cuerda para subir... y otear el horizonte.

Saludo al sol

La primera actividad espiritual del egipcio era un saludo al sol naciente, considerado como un milagro.

El sol, en efecto, acababa de vencer una vez más a las tinieblas, al término de un terrible combate.

Conocer una oración al sol es indispensable; ésta es una versión simplificada de un texto redactado personalmente por el célebre Ajenatón.

JA	K	NEFER	M	AJET	ITEN	ANJ
Aparición	de ti	en perfección	en	el horizonte	Atón	vivo

Tú apareces en perfección en el horizonte, Atón vivo.

El signo ⌒ es una colina por encima de la cual aparece la franja radiante del sol naciente. JA significa «aparecer como el sol», y se aplica también al faraón cuando aparece sobre su trono.

⌐, K, es el pronombre personal masculino, segunda persona del singular «tú».

En jeroglífico, decir «tú apareces» es imposible porque el verbo se coloca antes que el pronombre. Por lo tanto, tenemos «aparición de ti», que traducimos habitualmente por «tú apareces».

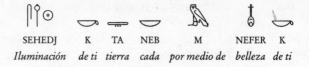

SEHEDJ	K	TA	NEB	M	NEFER	K
Iluminación	*de ti*	*tierra*	*cada*	*por medio de*	*belleza*	*de ti*

Tú iluminas cada tierra por medio de tu belleza.

La palabra ⌐ℸ⊙ está formada por ⌐, S, y ℸ, HEDJ = SE-
HEDJ, «iluminar», determinado por el sol.

ℸ es la maza HEDJ, «la blanca, la iluminadora», con la que
el faraón consagra las ofrendas y abate al enemigo sur-
gido de las tinieblas. De este modo ilumina y disipa la
noche.

Vistámonos con sabiduría

Egipto ¿conoció la moda?

En el Imperio Antiguo, en la época de las pirámides, las ropas son sencillas: taparrabos para los hombres, deliciosos vestidos con tirantes para las mujeres,
que dejan los pechos al descubierto.

En el Imperio Nuevo se rivaliza en elegancia y refi-
namiento, algo que los ancianos sabios no consideraron
como un progreso.

AREQ

cubrirse, vestirse

La palabra se compone de

◁, A + ⌒, R + △, Q = AREQ. ⌒ es una tela plegada.
Ahora bien, AREQ también significa «curvarse, plegarse», algo que es indispensable para vestirse. Curiosa-
mente, un sinónimo de AREQ se traduce por «percibir,
tener conocimiento de algo, ser sabio».

¿Significa esto que hay que saber vestirse con sabiduría y no perder la cabeza con vestidos atrevidos?

Cuando hay que ir...

Después de haberse vestido, hay que ir al trabajo. Toda una serie de jeroglíficos ayudan a ir al trabajo cotidiano con paso ligero:

PERI

¡ve!

La palabra está formada por ⊏⊐, PER + ⎯, ɪ = PERI; la raíz PER significa «subir, salir».

Para ir con calma, lo más sencillo es desplazarse con gracia y ligereza, como una caña montada sobre piernas.

II

ir, venir

Las dos piernas seguidas de un polluello de codorniz, que también puede desplazarse, forman otro verbo de movimiento muy corriente:

IU

venir

Con el cerrojo transportado por unas piernas, se puede dar una orden:

IS

¡vamos!

Cuando uno se desplaza de manera decidida y vigorosa, incluso se puede transportar un depósito:

SHEM

ir, desplazarse

¿Acaso se hace alusión al movimiento incesante del agua corriente?

Cuando se trata de desplazarse llevando alguna cosa, nada más sencillo de indicar: basta llevar una vasija sobre unas grandes piernas:

IN

traer, llevar, ir a buscar

de donde procede la palabra INU, «productos, tributos» y... ¡«contribuciones»!

En cuanto a la palabra INU, «lo que se lleva», es, por excelencia, la estera. No había objeto más importante para un egipcio, puesto que la estera servía de manta, de cama e incluso de sudario; con una buena estera se disponía de un mobiliario transportable.

Fórmulas de cortesía

Para decir «buenos días» se utilizaba la siguiente fórmula:

INEDJ	HER	K
que sea protegido	*el rostro*	*de ti*

Este antiquísimo saludo ha planteado muchos problemas a los investigadores.

El jeroglífico ⸸, representa un objeto que no siempre es identificado. He aquí un interesante enigma que tendrán que resolver los futuros egiptólogos.

Sin embargo se conoce la lectura del signo, NEDJ. El verbo NEDJ está aquí precedido de una I, de ahí el término INEDJ, determinado por ⸗, símbolo de las ideas abstractas.

La raíz NEDJ no sólo significa «saludar» sino también «proteger, recibir un consejo, interrogarse, consultar, salvar (a alguien de una desgracia)».

Cuando se decía «buenos días», todos estos sentidos estaban implícitos.

Otra manera de saludar:

NYNY

Al hacer NYNY se transmite energía (〰〰).

Es una acción de magnetizador, puesto que podemos ver cómo esta energía sale de las manos de quien saluda.

Cuando Isis saluda a Osiris para resucitarlo, ella le hace el acto NYNY.

Citemos finalmente una fórmula simpática:

II   UY
¡Bienvenido!

En el trabajo

La organización del trabajo fue una de las mayores virtudes de los antiguos egipcios. No tenían rivales en la realización de grandes obras.

BAK
trabajar

está formado por el pájaro 🦅, BA + ⌒, K = BAK; la palabra está determinada por el brazo extendido que sostiene un bastón, que indica un esfuerzo.

Es interesante destacar la presencia del pájaro BA, que con frecuencia se traduce por «alma»; el hecho de trabajar ¿nos daría un poco de alma?

BAK es «el trabajador, el servidor»; BAKU son «las tareas», «los ingresos»... y también «las tasas, los impuestos».

Otra manera de presentar el trabajo:

KAT

a saber, un hombre que lleva una carga sobre su cabeza. Se insiste aquí en el carácter más o menos pesado del trabajo, pero también en la energía (KA) que exige y que produce.

Como podemos ver, dos elementos esenciales del ser inmortal, el BA y el KA, están asociados a la idea de trabajo, lo que a los ojos de los egipcios le confieren una carta de gran nobleza.

31. Adquirir en jeroglíficos

¿Poseer o ser poseído?

ICH

poseer

La palabra está formada por la cuerda para conducir animales montada sobre unas piernas, 𓈖, ICH, y determinada por el hombre que maneja un bastón.

ICH, «poseer», implica un esfuerzo; el término significa también «tomar posesión», «conquistar», «quitar». Además del esfuerzo realizado, poseer es una especie de atadura, de impedimento, tanto si uno tiene sólidamente sus bienes como si los bienes lo dominan a uno.

Tener bienes, ser rico, no era considerado como una falta, pero esta condición exige una determinada disposición de ánimo que traduce un jeroglífico muy simple, el de una cesta:

NEB

La cesta, NEB, es el receptáculo de los bienes y las posesiones, y también traduce la noción de «dominio». NEB, «el poseedor», es también el «señor (de sus posesiones)», si logra dominarlas.

Este mismo término, NEB, significa también «todo, cada, cada uno», y la raíz NEB se utiliza para decir «oro», «trabajar un metal». El que logra el dominio de sí mismo y de lo que posee, ¿no transforma los bienes materiales en oro, la carne de los dioses?

La otra manera de «poseer» se indica mediante la preposición:

JER

debajo, en posesión de

Estar «debajo de algo» es llevarlo, por lo tanto poseerlo, y también soportar el peso de la cosa en cuestión. JERET es «la cosa poseída», es decir, «llevada, soportada»; la palabra se traduce asimismo por «la base», «la parte inferior».

Por lo que respecta a los JERUT, recordemos que son «las partes bajas» del varón, los testículos.

Hay que evitar que la riqueza abundante se convierta en una cantidad incontrolable, simbolizada por la lagartija:

ASHA

la multitud, la cantidad

Para referirse al «hablador», al que comete excesos con las palabras, se escribirá ASHA-R, literalmente «la lagartija en la boca».

Karnak, pilón del templo de Jonsu. Entre las dos torres del pilón, encima de la puerta, aparece el sol victorioso tras su lucha contra las tinieblas.

El capital y los intereses

Si el capital adquirido gracias al trabajo viene de la palabra latina *caput*, «la cabeza», esta idea es mucho más antigua, puesto que ya aparece en los jeroglíficos.

TEP

la cabeza

En los documentos administrativos y fiscales, esta palabra, «cabeza», significa precisamente «el capital», la «cabeza» de los ingresos del trabajo.

En cuanto a la noción de «interés», procedente de buenas inversiones, se indica de una manera muy explícita en jeroglíficos:

FAT

lo que aporta = los intereses.

Saqqara, mastaba de Mereruka.
Esta procesión de portadores de ofrendas evoca las riquezas del antiguo Egipto;
los jeroglíficos que rematan la escena recuerdan precisamente
«la aportación de todas las cosas buenas».

32. El jeroglífico viajero

¡Ah, los bellos viajes!

Los egipcios viajaban mucho, utilizaban esa magnífica autopista (ya con peajes) que es el Nilo. Así pues, no hay que sorprenderse de que los dos términos más frecuentes para «viajar» pertenezcan al lenguaje de los navegantes:

JED
ir hacia el norte
(descendiendo por el río)

JENET
ir hacia el sur
(remontando el río)

El primer jeroglífico representa tres tinajas.

Otros muchos términos para «viajar» utilizan el barco, ⛵, y las piernas humanas en movimiento, Λ.

Por lo que respecta a la ruta terrestre, se representa de la siguiente manera:

UAT
la carretera, el camino

El signo está formado por la propia carretera con árboles o vegetales, que el escriba representa tumbados para que podamos verlos. Imposible, por lo tanto, que una buena carretera no esté bordeada de árboles que dispensen una sombra agradable al viajero que se desplaza a pie... por la UAT.

Una frase decisiva que hay que conocer:

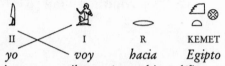

II	I	R	KEMET
yo	*voy*	*hacia*	*Egipto*

«Egipto» se escribe aquí con el jeroglífico 🪨, que tal vez sea un fragmento de la piel con escamas del cocodrilo; la raíz KEM significa «negro». Así pues Egipto recibe el nombre de «tierra negra», fértil, debido a los depósitos de limo. El signo se completa mediante ⌒, la T del femenino presente en la palabra KEMET, y por el determinativo ⊗, que indica que la palabra es un término geográfico.

A todos los que viajen a Egipto,

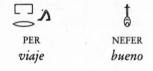

PER   NEFER
viaje   *bueno*

El extranjero es Beber

Aunque Egipto acogió a gran número de extranjeros, experimentaba un poderoso sentimiento de identidad metafísica, cultural y territorial. Las culturas extranjeras asimilaron la civilización egipcia, y no a la inversa.

Todos los pueblos extranjeros eran simbolizados por la expresión «los nueve arcos»; es por esta razón que con frecuencia se ven en las estatuas nueve ⌒⌒, dibujados bajo los pies del faraón, que de este modo expresa su dominio mágico, a fin de evitar alteraciones y peligros de invasión.

Un dato: éste es el nombre egipcio de un lugar extranjero en el que, para desgracia de la humanidad, se confundieron las lenguas:

B   B   R
BEBER
Babel

Karnak. Los países extranjeros sometidos al faraón están representados por personajes atados, cuyos nombres se hallan inscritos en los cartuchos.

33. ¡A las armas!

Todo un arsenal

Hay que combatir el mal. Los egipcios, sin ser belicosos, disponían de un ejército bien organizado y capaz de defender el país de los invasores venidos de Sudán, Libia o Asia.

Un signo jeroglífico es explícito:

AHA
combatir, luchar

El jeroglífico representa dos brazos, uno que sostiene un escudo y otro una maza; en otras palabras, una cosa con la que defenderse y otra con la que atacar.

Otros dos otros jeroglíficos sirven para determinar las palabras que implican un esfuerzo o un combate:
⌐, el brazo extendido y sosteniendo un bastón;
⟨, el hombre de pie y manejando un bastón.

⌐, puede leerse NEJT, «victorioso», puesto que se trata de hacer un esfuerzo para lograr un éxito.

Con la maza, ⟨, HEDJ, es posible abrir el cráneo de un enemigo.

El arco ⌐ permite tirar la flecha ⟼.

El puñal ⟨ sirve también para indicar la noción de «primero, preeminente».

En cuando al bastón para lanzar ⟨, si indica las ideas

de «arrojar, lanzar», también sirve para caracterizar un clan o una tribu. Asimismo representa, de manera sorprendente, el concepto de creación, como si ésta estuviese concebida como un acto de lanzar.

El arma más eficaz: la magia

Si existe una palabra egipcia que es necesario conocer para hacer frente a los rigores de la existencia, esa palabra es:

𓎡𓎡

HEKA
la magia

La palabra está formada por 𓎡, H + 𓎡, KA = HEKA, determinada por el signo de las ideas abstractas.

Este poder mágico, cuando se utiliza bien, permite manipular la energía que une a los mundos entre sí.

En las enseñanzas que un faraón daba a su hijo, el soberano revelaba que la HEKA podía ayudar al ser humano a eludir un destino infausto, es decir, a luchar victoriosamente contra la fatalidad. El universo está lleno de HEKA; al hombre sabio le corresponde distinguirla y servirse de ella en el momento oportuno.

¡Para guiar, bastón y cuchillo!

𓎡

UDJ
mandar, gobernar, ordenar,
actuar como conductor

es un término muy fuerte, particularmente utilizado para significar la orden que da el faraón para orientar la política del país.

El signo 𓎡, UDJ, es un bastón en torno al que está enrollada una cuerda; el bastón gobierna, la cuerda ata.

UDJ significa también «expedición» (ordenada por el faraón), una «inscripción» (con las palabras del faraón), una «estela» (grabada y erigida para hacer conocer el pensamiento del faraón).

SESHEM

conducir, guiar, instruir, mostrar el camino

es otro término corriente; el jeroglífico nos muestra un cuchillo sobre unas piernas.

Este cuchillo permite cortar y abrirse una senda por entre la vegetación de la existencia, abrir una ruta, avanzar haciendo la buena elección. Quien no sabe cortar con un cuchillo bien afilado, no sabe dirigir su vida.

Ejercicio 5

Pregunta: Cuando usted visita un 𓏏𓃭𓀀, ¿de qué debe hablarle?
Respuesta: De mis dolencias, puesto que se trata de un SUNU, «un médico».

Pregunta: ¿Es agradable tomar un 𓏥?
Respuesta: Depende, puesto que PEJERET significa «medicina, remedio».

Pregunta: Si usted está en forma por la 𓃀𓎡𓇳, ¿es la mañana o la noche?
Respuesta: BEKA significa «la mañana».

Pregunta: Frente a 𓁷𓏏, ¿cómo comportarse?
Respuesta: Con deferencia, puesto que HER-TEP es «el superior», el que domina y ordena.

Pregunta: ¿Qué acto realiza el que 𓊢?
Respuesta: AHA significa «levantarse, ponerse de pie, estar de pie».

Pregunta: 𓍑 ¿es una preocupación esencial?
Respuesta: Todo depende de las modas y de los climas, puesto que AREQ significa «vestirse».

Pregunta: 𓇋𓋴 ¿es una palabra de ánimo o un insulto?
Respuesta: Una palabra de ánimo, porque IS significa «¡vamos!».

Pregunta: ¿Qué diferencia hay entre 𓇋𓇋 y 𓏎?
Respuesta: El primer jeroglífico, II, significa «ir, venir»; el segundo, IN, «traer, llevar, ir a buscar».

Pregunta: ¿Le gusta BAK, 𓅡𓎡?
Respuesta: Depende, BAK significa «trabajar».

Pregunta: ¿Qué esfuerzo implica el verbo 🗝️? ICH significa «tomar posesión, conquistar, poseer».

Respuesta: ICH significa «tomar posesión, conquistar, poseer».

Pregunta: ¿Cuál es el jeroglífico que implica la noción de «posesión» y de «dominio».
Respuesta: La cesta ⌣, NEB.

Pregunta: ¿A qué os enfrentáis ante 🏹?
Respuesta: ASHA es «la multitud, la cantidad».

Pregunta: ¿Por qué hay que ser prudente en ⚏?
Respuesta: Porque UAT es «la carretera, el camino».

Pregunta: ¿Por qué a los faraones se les califica frecuentemente de ⌣?
Respuesta: Porque este jeroglífico, que se lee NEJT, significa «victorioso».

Pregunta: ¿Para qué sirve ⌣?
Respuesta: HEKA, «la magia», permite afrontar las pruebas de la existencia.

Pregunta: ¿Qué se hace al realizar el acto de ⚐?
Respuesta: UDJ significa «mandar, gobernar, ordenar».

Pregunta: ¿Es fácil o difícil ⌣?
Respuesta: Difícil, puesto que SESHEM significa «conducir, guiar, instruir, mostrar el camino».

34. Vejez y serenidad

Ser viejo es útil

El hombre anciano, encorvado por el peso de los años y apoyado en un bastón para caminar,

se lee   IAU
y significa   *ser viejo*

La vejez, como indica Ptahhotep, es una prueba, debido a todos los males que aquejan a una persona anciana. Sin embargo, el término IAU deriva de la misma raíz que IAUT «ser útil».

En efecto, el anciano cumple una función esencial; es fundamentalmente útil porque, al igual que Ptahhotep, que alcanzó los ciento diez años, tiene el deber de transmitir una experiencia y una sabiduría.

IAU es también «venerar, adorar»: el anciano es venerable si cumple con su función; él mismo venera la vida y los dioses.

Saqqara, mastaba de Idut. La maza, HEDJ, cuyo nombre significa «la blanca, la iluminadora». El faraón abate con ella a sus enemigos y consagra las ofrendas.

La serenidad es una mesa de ofrendas

HETEP

representa una mesa de ofrendas sobre la que está depositado un pan.

El término, muy frecuente en los textos, significa «mesa de ofrendas» y también «paz, serenidad, conformidad, plenitud, calma».

Por medio de la ofrenda, depositando un alimento destinado a los dioses, se puede alcanzar el estado de HETEP, que caracteriza a los sabios.

HETEP es también la puesta del sol, el momento en que la paz de la noche se extiende sobre el país. Concluye el trabajo, llega el momento del descanso, de la meditación y del silencio. Sentado en la pose del escriba, delante de la mesa de ofrendas, el sabio hacía el acto HETEP, sereno y tranquilo.

«Paz y amor», el famoso *peace and love*, se representa de esta manera en escritura jeroglífica:

HETEP	HENA	MERUT
Paz	*y*	*amor*

Si el hombre ha vivido de manera correcta, llega en paz (HETEP) a la orilla del otro mundo.

35. Jeroglíficos para la eternidad

Morir es amarrarse a un poste

La muerte física se expresa mediante el término:

MET

La palabra está formada por , M + ◠, T = MET, determinada por un hombre que cae, con sangre que le brota de la cabeza. Un sinónimo, MET, significa «el vaso, el canal conductor». Para Egipto, la muerte física parece haber estado asimilada a la rotura de un vaso, traduciendo así la interrupción de la circulación de la energía.

Pero esta palabra, «muerte» (MET), se relaciona con la palabra «madre» (MUT), en la medida en que la muerte, para los justos, no es un fin, sino una entrada en el cuerpo inmenso de la madre cósmica, donde se lleva a cabo el proceso de resurrección.

Otra manera de expresar «morir»:

MENI

La palabra está formada por ▭, el damero, que se lee MEN, por ∿∿∿, N (la N de MEN que precede, y que nos

indica el escriba para facilitar nuestra lectura), por ⟨, I =
MENI, determinada por ⟨, el poste de amarre.

MENI significa «abordar, fijar al poste de amarre, ser
fijo, duradero». Este término náutico significa que la
navegación se ha desarrollado bien y que la nave ha
sido correctamente amarrada.

El término se utiliza para la idea de «morir», puesto
que la buena muerte tiene lugar después de la travesía
de la existencia, viaje que implica alegrías y penas, pero que puede encontrar un punto final, un poste sólido
al que el buen navegante amarrará su embarcación. Para
bien morir, ¡amarrémonos al poste!

Una muerte muy viva

Así pues, estamos muertos y bien muertos. ¿Adón-
de vamos después de que Osiris emita su juicio a nuestro favor?

A un lugar de nombre preciso:

JERET-NETER
la parte inferior de dios

⟐ = JERET, «la parte inferior», «lo que sostiene».

⟨ = NETER, «el dios».

El signo NETER penetra en el interior de ⟐, para
mostrar que la divinidad ha tomado posesión de su
dominio.

᷍ es el determinativo; precisa que la necrópolis se si-
túa en una zona desértica.

Esta «parte inferior de dios» es el mundo de los
muertos, del silencio. Cada noche, el sol acude a visitar-
lo para insuflarle la energía de la resurrección.

La palabra «sarcófago» es un término griego que
significa «comedor de carne muerta»; es un auténtico

contrasentido en comparación con el término jeroglífico:

NEB	ANJ
el señor	*de la vida*
el poseedor	*de la vida*

Egipto precisa de este modo que el sarcófago no es el lugar de la muerte y la aniquilación sino, por el contrario, el medio regenerador (comparado a una barca) donde tiene lugar el proceso de la resurrección.

Igualmente, la tumba no es el lugar de la muerte sino

PER	DJET
la morada	*de la eternidad*

¡No robéis ni el ba ni el ka!

Nuestra visión del ser humano es más bien simplista: un alma y un cuerpo, e incluso, para muchos, un cuerpo provisto de una buena maquinaria, el cerebro. Egipto, que no colocaba al ser humano en el vértice de la creación, lo consideraba no obstante como una criatura compleja, dotada de un determinado número de elementos espirituales.

Hemos evocado ya el nombre (REN); existe también el

BA

alma, facultad de moverse, capacidad de sublimación

El BA es una hermosa ave, el jabirú, una zancuda; en el ser humano, es la facultad de moverse, de salir del cadáver y de la tumba, de volar hacia el sol, de abrevar su energía, para luego regresar a la momia, el cuerpo de inmortalidad. El BA aparece como el elemento móvil de la conciencia, capaz de desplazarse por todos los mundos. Detenerlo, destruirlo significaría condenar al ser a la «segunda muerte», a la nada. Por esta razón se emplean diversas fórmulas mágicas para que el BA no sea robado.

También hay que preservar el

KA
la energía vital

El KA es la energía en estado puro; se encuentra por doquier, en la estrella, en el animal, en la planta, en la piedra... y en el ser humano. Comer es nutrirse del KA de un alimento. Al llegar la muerte física, el KA permanece indemne; el ser, para vivir eternamente, debe permanecer unido a su KA.

El proceso de resurrección se logra cuando el ser se transforma en

AJ

El ave AJ es un *ibis comata*, de brillante plumaje.

La palabra AJ significa «ser de luz», «ser luminoso», y también «ser útil». La raíz AJ sirve para formar palabras como «el ojo divino», «la llama», «la estrella luminosa», «la región de la luz», «la tierra fértil», «el palacio real», «el lugar secreto del templo».

Ciertamente no hay condición más envidiable que la de convertirse en AJ y «retornar a la luz», de donde el ser justo ha salido.

Un menú para la eternidad

La valiente rana, 🐸, pequeña y discreta en los bajo-rrelieves, no tiene relación alguna con la meteorología del antiguo Egipto; la rana es el símbolo de la eternidad.

En las inscripciones es frecuente encontrar dos jeroglíficos para expresar la eternidad:

NEHEH

la eternidad luminosa,
con la presencia del sol

DJET
la eternidad cíclica,
con la presencia de la gran serpiente y de la tierra (⬭).

Para acceder a una eternidad feliz, hay que ser «justo de voz», y ☥, DI ANJ, «dotado de vida».

Por precaución, y para estar seguro de que no falte nada, es conveniente hacer grabar sobre la tumba un menú, precisando los alimentos que se desea comer en el otro mundo:

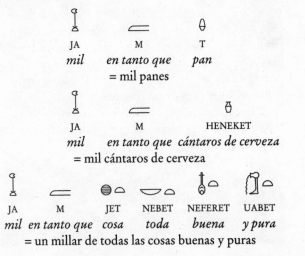

JA	M	T
mil	*en tanto que*	*pan*
	= mil panes	

JA	M	HENEKET
mil	*en tanto que*	*cántaros de cerveza*
	= mil cántaros de cerveza	

JA	M	JET	NEBET	NEFERET	UABET
mil	*en tanto que*	*cosa*	*toda*	*buena*	*y pura*

= un millar de todas las cosas buenas y puras

El resucitado, haíto de este modo, ocupará su lugar entre

IJEMU   SEK

las que no mueren

es decir, las estrellas que rodean la estrella polar, al igual que los grandes rodeaban al faraón.

Karnak. El faraón, cubierto con la peluca tradicional y vestido con taparrabos, es la imagen misma de la serenidad.

Ejercicio 6

Pregunta: ¿Cuál es el jeroglífico que representa la serenidad y la paz?
Respuesta: ⎓, HETEP, la mesa de ofrendas.

Pregunta: ¿Cuál es la diferencia entre 𓅓 y 𓏏𓈖?
Respuesta: La primera palabra, MET, significa simplemente «morir». La segunda, MENI, «morir llegando a buen puerto, llegar a la orilla».

Pregunta: ¿Por qué el egipcio quedaba maravillado al contemplar el vuelo del *ibis comata*, 𓅜?
Respuesta: Porque esta ave, el AJ, sirve para formar la palabra «ser de luz», «ser útil», y simboliza el más elevado estado espiritual.

Pregunta: ¿Por qué desear 𓋹 es tan importante?
Respuesta: Porque significa «seas dotado de vida».

ANEXOS

Saqqara, mastaba de Mereruka.
Dos signos jeroglíficos: a izquierda el flagellum, a la derecha el abanico. El primero está relacionado con el culto a Osiris, el segundo sirve para escribir la palabra «sombra», uno de los elementos que sobreviven después de la muerte.

El llamamiento a los vivos

Toda persona que viaja a Egipto con la loable intención de visitar las magníficas tumbas de Saqqara y de Tebas, debería conocer este texto, que con frecuencia se halla inscrito en un muro exterior de la capilla y que está dirigido a los vivos:

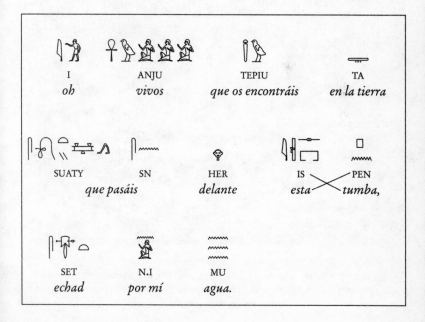

Museo de El Cairo. Las estelas asociaban con frecuencia, como en este caso, un acto de veneración hacia una divinidad con una ofrenda y un texto jeroglífico. Sobre la mesa de ofrendas, entre la adorante y el dios Sol, hay alimentos eternamente renovados.

Amón, señor de Karnak

He aquí un breve texto que los visitantes de los grandes templos de Karnak y Luxor podrán distinguir fácilmente en los muros:

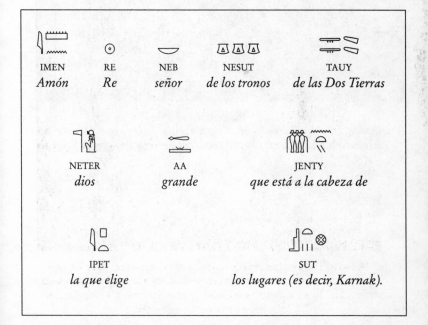

IMEN	RE	NEB	NESUT	TAUY
Amón	*Re*	*señor*	*de los tronos*	*de las Dos Tierras*

NETER	AA	JENTY
dios	*grande*	*que está a la cabeza de*

IPET	SUT
la que elige	*los lugares (es decir, Karnak).*

211

Saqqara, mastaba de Idut.
Una joven gacela atada a una correa sigue a un hombre que lleva flores de loto.
Paz y armomía, ¿no son la más bella conquista de los jeroglíficos?

La traducción del obelisco
de la plaza de la Concordia

El obelisco[1] que se alza en la plaza de la Concordia (23 m de altura y 227 toneladas de peso aproximadamente) procede del templo de Luxor, en el Alto Egipto.

Se encontraba delante del pilón, lado oeste, que señalaba la entrada al lugar santo. El pilón estaba flanqueado por dos obeliscos, el segundo de los cuales ha permanecido en su lugar de origen.

El traslado del obelisco desde Luxor hasta París se debe a Jean-François Champollion (1790-1832), genial descifrador de la lengua jeroglífica y salvador del genio faraónico.

En 1829, mientras se encontraba en Egipto, Champollion tuvo noticias de que los ingleses querían comprar varios obeliscos al todopoderoso señor de Egipto, Mehmet-Alí. Se iniciaron conversaciones. El egiptólogo se transformó en hombre de negocios.

Para salvar al menos uno de los obeliscos de Luxor, que consideraba como una obra maestra amenazada de destrucción, Champollion propuso, por la suma de 300.000 francos, trasladar el monolito de Luxor a París. Levantar un monumento semejante en la capital de Francia se correspondía con el deseo manifestado por Napoleón y era conforme al honor nacional.

Las autoridades francesas y egipcias se pusieron de

1. Un obelisco, del griego *obeliskos*, espetón para asar, es una piedra con frecuencia monolítica, de base cuadrangular, puesta derecha y terminada en punta.

acuerdo y aprobaron la elección de Champollion, que dio a conocer sus condiciones: que el hombre encargado de llevar a buen término esta empresa no fuese un erudito sino un arquitecto de espíritu práctico.

Poco antes de la partida de Champollion hacia Francia, en noviembre de 1829, Mehmet-Alí confirmó al padre de la egiptología que el obelisco que había escogido iría a París. El barón Taylor, enviado por Carlos X, llegó a Alejandría en 1830 para cerrar el trato. Puesto que las relaciones franco-egipcias corrían el riesgo de deteriorarse, decidió no perder tiempo. Una vez entregado el dinero a Egipto, un ingeniero, Jean-Baptiste Apollinaire Lebas (1797-1873), se encargó del traslado.

Se construyó un barco especial, el *Luxor*, que partió de Tolón en abril de 1831 y salió de Egipto con su precioso cargamento en abril de 1833. Atracó de nuevo en Tolón tras una travesía de cuarenta días.

Pero el obelisco sólo sería depositado en París, vía Cherburgo, a fines de diciembre de 1833, y hasta el 25 de octubre de 1836 no sería erigido en la plaza de la Concordia, en presencia de una multitud de unos doscientos mil curiosos. Hasta el último momento, Lebas temió lo peor. Al ver que las cuerdas de un extremo amenazaban con romperse, un espectador, cuya identidad se desconoce, lanzó la orden: «¡Mojad las cuerdas!» La operación tuvo éxito y la aguja de piedra se levantaría, para su segundo nacimiento, bajo el cielo de París.

El obelisco de la Concordia es el monumento más antiguo de París. Consagrado por Rameses II, convierte a éste, «el faraón triunfante», en el más antiguo protector de la capital.

En la lengua sagrada de los antiguos egipcios, «obelisco» se dice TEJEN. El término es sinónimo de «protección», «defensa». La gran aguja de piedra tiene por función perforar las nubes y dispersar las fuerzas negativas que siempre amenazan con acumularse, bajo la forma de tormentas visibles o invisibles, por encima del templo.

El primer obelisco de todos y su modelo fue el de la ciudad santa de Heliópolis, «la ciudad del pilar», centro espiritual de Egipto.

Bajo el Imperio Antiguo, poco después de la época de las grandes pirámides de Guiza, fue construida en el paraje de Abu-Gorab, al norte de Saqqara, un templo del Obelisco. Bajo el Imperio Nuevo, el más famoso de los obeliscos fue erigido en Karnak-Este. Se trataba del más alto conocido, que actualmente se encuentra en Letrán, Roma. Por regla general, los obeliscos se erigían por parejas y servían para proteger mágicamente el templo. Era tal su fama que su traslado comenzó en la Antigüedad. Hay obeliscos en Roma (récord del mundo: 13), en Estambul, Nueva York, Londres y París.

Cada lado del obelisco presenta una escena grabada sobre la base del piramidión y tres columnas de texto vertical.

El piramidión es el remate del obelisco. Simboliza la piedra de los orígenes, que emergió del océano primordial en la primera mañana del universo. Estaba recubierto de oro, metal del que los egipcios afirmaban que era la «carne de los dioses».

Hay que destacar que los nombres de Rameses II están inscritos en «cartuchos», óvalos alargados que terminan en un nudo y que evocan el universo sobre el que el faraón ejercía su poder.

Lado Campos Elíseos

El piramidión

La escena representa al faraón realizando la ofrenda del vino a Amón, el principio oculto.

Palabras pronunciadas por Amón-Re, señor de los tronos de las Dos Tierras (la totalidad de Egipto).

Palabras que hay que pronunciar: te doy toda coherencia.

Palabras que hay que pronunciar: te doy toda la grandeza de corazón.

Textos inscritos encima del rey:

El dios perfecto, el señor de las Dos Tierras, User-Maat-Re,[1] el hijo de Re, el señor de las apariciones gloriosas,[2] Rameses amado de Amón, el que está dotado de vida, como la luz divina (Re), eternamente.

Textos que comentan el gesto de la ofrenda:

Dar el vino a Amón-Re.

Texto vertical de la izquierda, mirando al obelisco:

El Horus:[3]
El toro poderoso,[4] de poder abundante, soberano vigoroso por su poder, que se adueña victoriosamente de todo país extranjero.
El rey del Alto y del Bajo Egipto, User-Maat-Re, el elegido de Re.
  El hijo de Re:
Rameses amado de Amón. Viene hacia él todo país extranjero, cargado con sus productos.
El rey del Alto y del Bajo Egipto, User-Maat-Re, el elegido de Re.
El hijo de Re, Rameses amado de Amón, que viva eternamente.

Texto vertical central, mirando al obelisco:

  El Horus:
El toro poderoso, amado de Maat.[5]
Los dos soberanos:[6]
El que protege a Egipto, el que se adueña de las regiones extranjeras.

El Horus de oro:
Rico en años y en grandes triunfos.

El rey del Alto y del Bajo Egipto:
User-Maat-Re, príncipe de los príncipes, semilla de
Atum y que forma con él un único ser para erigir su rea-
leza sobre la tierra, eternamente, a fin de proveer de ali-
mentos vitales el templo de Amón. Así ha actuado ri-
tualmente para él el hijo de Re, Rameses amado de
Amón.
Que viva eternamente.

Texto vertical a la derecha, mirando al obelisco:

El Horus:
Toro poderoso, amado de Re, el que gobierna, de gran
furor y gran poder, el que hace temblar toda región por
su prestigio.
El rey del Alto y del Bajo Egipto, User-Maat-Re, el ele-
gido de Re.
El hijo de Re:
Rameses amado de Amón, Montu,[1] *hijo de Montu, que*
actúa gracias a sus brazos.
El rey del Alto y del Bajo Egipto, User-Maat-Re, el ele-
gido de Re.
El hijo de Re, Rameses amado de Amón, dotado de
vida.

1. Montu es un dios de Tebas de carácter bélico que da al faraón la plena capacidad de victoria sobre sus enemigos.

Lado Cámara de los diputados

El piramidión

La escena representa al faraón realizando la ofrenda del agua fresca a Amón.

Palabras que hay que pronunciar: te doy toda la gran-
deza del corazón.
Amón-Re está delante de él.

Textos inscritos encima del rey:

El dios perfecto, User-Maat-Re, el elegido de Re, el hijo de Re, Rameses amado de Amón, el que está dotado de vida, de permanencia, de poder como la luz divina (Re).

Texto que comenta el gesto de la ofrenda:

Dar agua fresca a Amón-Re.
Que él actúe ritualmente, dotado de vida.

Texto vertical de la derecha, mirando al obelisco:

El Horus:
Toro poderoso, amado de Re.
El rey del Alto y del Bajo Egipto, User-Maat-Re, el elegido de Re.
El hijo de Re, Rameses amado de Amón, soberano perfecto, valiente, dispuesto para buscar lo que es útil a aquel que le ha dado nacimiento.
Tu nombre será firmemente establecido como el cielo.
La duración de tu vida será semejante a la de Atón[1] en el cielo.
El rey del Alto y del Bajo Egipto, User-Maat-Re, el elegido de Re.
El hijo de Re, Rameses amado de Amón, como Re.

Texto vertical central, mirando al obelisco:

El Horus:
Toro poderoso de gran fuerza.
El rey del Alto y del Bajo Egipto, User-Maat-Re, el elegido de Re, hijo mayor del rey de los dioses. Le hace aparecer sobre su trono que está sobre la tierra para ser el único señor, el que se adueña de todo país. Le reconoce como el que se cuida de él, para afirmar su morada excepcional de millones de años que él levanta en Luxor.

1. Atón era el dios de Amarna, la nueva capital creada por el faraón «hereje» Ajenatón.

Es él quien lo ha elegido millones de veces.
Así actúa ritualmente el hijo de Re, Rameses el amado
de Amón, que viva eternamente.

Texto vertical de la izquierda, mirando al obelisco:

El Horus:
Toro poderoso, amado de Re.
El rey del Alto y del Bajo Egipto, User-Maat-Re, el ele-
gido de Re.
El hijo de Re, Rameses amado de Amón, rey victorioso,
símbolo de la luz divina (Re), el que cuida de Horus de
la doble región luminosa (Horajti), semilla luminosa, el
niño legítimo[1] *que ha engendrado el rey de los dioses*
para convertirlo en el señor único, el que se apodera de
todos los países.
El rey del Alto y del Bajo Egipto, User-Maat-Re, el ele-
gido de Re.
El hijo de Re, Rameses amado de Amón, eternamente.

1. Existe toda una serie de palabras que identifican al rey con una «matriz» y con el «ojo celeste».

Lado iglesia de la Magdalena

El piramidión

La escena representa al faraón realizando la ofrenda del vino a Amón, el principio oculto.

Palabras pronunciadas por Amón-Re, rey de los dioses.
Palabras que hay que pronunciar: te doy toda vida,
toda permanencia y todo poder.
Palabras que hay que pronunciar: te doy toda coherencia.

Textos inscritos encima del rey:

El señor de las Dos Tierras, User-Maat-Re.
El señor de las apariciones gloriosas, Rameses amado de
Amón, el que está dotado de vida.

Texto vertical de la izquierda, mirando al obelisco:

El Horus:
Toro poderoso, de las grandes victorias, que combate
gracias a su poder, rey de los grandes gritos de guerra, se-
ñor del miedo cuya fuerza aplasta todo país extranjero.
El rey del Alto y del Bajo Egipto, User-Maat-Re, el ele-
gido de Re.
El hijo de Re, Rameses amado de Amón, amado cuando
aparece como aquel que está en Tebas.[1]
El rey del Alto y del Bajo Egipto, User-Maat-Re, el ele-
gido de Re.
El hijo de Re, Rameses amado de Amón, dotado de vida.

1. Juego de palabras hecho a partir del vocablo UAS, «poder dominador», que sirve para formar el nombre de la ciudad de Tebas.

Texto vertical central, mirando al obelisco:

El Horus:
Toro poderoso que despedazas a los asiáticos.
Los Dos Soberanos:
El que combate por la eternidad, el león que tiene el do-
minio del corazón.
El Horus de oro:
El de las grandes victorias sobre toda región extranjera.
El rey del Alto y del Bajo Egipto:
User-Maat-Re, toro instalado en la frontera para des-
pojar a todo país que huya delante de él, con arreglo a lo
que decreta Amón, su venerado padre.
Así actúa ritualmente el hijo de Re, Rameses amado de
Amón.
Que viva eternamente.

Texto vertical de la derecha, mirando al obelisco:

Horus:
Toro poderoso de las grandes fiestas de la regeneración,
amado por el Doble País, rey victorioso en el combate,
que se adueña de las Dos Tierras, soberano de gran rea-
leza como Atum.

El rey del Alto y del Bajo Egipto, User-Maat-Re, el
elegido de Re. El hijo de Re, Rameses amado de Amón:
Los grandes de todos los países extranjeros están bajo tus
sandalias.
El rey del Alto y del Bajo Egipto, User-Maat-Re, el ele-
gido de Re.
El hijo de Re, Rameses amado de Amón, dotado de vida.

Lado Tullerías

El piramidión

La escena representa al faraón realizando la ofrenda
del vino a Amón, el principio oculto.

Palabras pronunciadas por Amón-Re, rey de los dioses.
Palabras que hay que pronunciar: te doy toda vida,
toda permanencia y todo poder.
Palabras que hay que pronunciar: te doy toda cohe-
rencia.

Textos inscritos encima del rey:

El dios perfecto, señor de las Dos Tierras, User-Maat-
Re.
El hijo de Re, señor de las apariciones gloriosas, Rame-
ses amado de Amón.
El que está dotado de vida, como la luz divina (Re).

Texto que comenta el gesto de la ofrenda:

Presentar la ofrenda del vino.
Que él actúe ritualmente, dotado de vida.

Texto vertical de la derecha, mirando al obelisco:

El Horus:

Toro poderoso, amado de Maat, rey amado como Atum, soberano, hijo de Amón, cuya belleza es portadora de eternidad.

El rey del Alto y el Bajo Egipto, User-Maat-Re, el elegido de Re.

El hijo Re, Rameses amado de Amón:

Tus monumentos durarán tanto tiempo como dure el cielo. Tu nombre será estable como el cielo.

El rey del Alto y el Bajo Egipto, User-Maat-Re, el elegido de Re.

El hijo de Re, Rameses amado de Amón, dotado de vida.

Texto vertical central, mirando al obelisco:

El Horus:

Toro poderoso, que combate gracias a su fuerza.

Los Dos Soberanos:

El que derriba a cualquiera que intente alcanzar y conquistar las extremidades de la tierra.

El Horus de oro:

El del gran renombre, que tiene el dominio de la fuerza.

El rey del Alto y del Bajo Egipto:

User-Maat-Re, semilla de naturaleza divina. Es él, Amón, señor de los dioses, que actúa de manera que el gran templo esté jubiloso y que la gran Enéada[1] del templo del gran dios esté jubilosa.

Así ha actuado ritualmente el hijo de Re, Rameses amado de Amón.

Que viva eternamente.

Texto vertical de la izquierda, mirando al obelisco.

El Horus:

Toro poderoso, hijo de Amón, rey de monumentos excepcionales, de grandes victorias, hijo mayor de Re, instalado sobre el trono.

1. La Enéada es la comunidad de las nueve potencias creadoras.

El rey del Alto y del Bajo Egipto, User-Maat-Re, el elegido de Re.

El hijo de Re, Rameses amado de Amón, el que exalta el templo de Amón como un país de luz del cielo, en sus grandes y soberbios monumentos de eternidad.

El rey del Alto y del Bajo Egipto, User-Maat-Re, el elegido de Re.

El hijo de Re, Rameses amado de Amón, dotado de vida.

En el remate del obelisco, el acto esencial del culto en el antiguo Egipto: la ofrenda. Aquí la del vino, que produce la ebriedad divina, y la de agua, la purificación.

Repetidos muchísimas veces los nombres del rey. Se trata de la afirmación de su ser inmortal, al que los dioses han dotado de las cualidades más esenciales: la vida, el poder, la permanencia, la coherencia y la grandeza de corazón.

Por medio del obelisco, el faraón aparece en toda su gloria y se encarna en el toro, cuyo poder, de origen cósmico, le permite triunfar sobre cualquier enemigo.

Es la victoria eterna del señor de las Dos Tierras que de esta manera celebra el obelisco, que al igual que el nombre de Rameses, es tan duradero como el cielo.

Las distintas lenguas
de los antiguos egipcios

Los jeroglíficos eran la lengua sagrada dibujada y grabada. Desde la primera dinastía hasta la extinción del Egipto faraónico, fue la lengua de los templos utilizada por los sabios.

Junto a esta lengua culta, que exigía un largo aprendizaje, existía una lengua hablada, que con el tiempo se fue apartando cada vez más de los jeroglíficos. Se empleaba además una escritura rápida, que los especialistas denominan «hierática», en la que ya no se reconocen los jeroglíficos, deformados por la mano de los escribas. Se trata de una especie de taquigrafía, cuyo estudio pertenece a una rama especial de la egiptología.

En el siglo VIII a.C. apareció una nueva forma de escritura, la demótica, en la se emplean letras griegas deformadas; finalmente, a partir del siglo II d.C. nace el copto, que utiliza el antiguo egipcio por medio de un alfabeto griego, mezclando consonantes y vocales. Algunas palabras coptas han conservado un reflejo de términos jeroglíficos; gracias a su conocimiento de esta lengua —todavía empleada por el clero copto de Egipto, una de las ramas del cristianismo—, Champollion descubrió una vía de acceso al desciframiento.

Karnak. El halcón Horus, protector del faraón, lleva la doble corona. Es la más bella encarnación jeroglífica de la mirada creadora. Página anterior.

225

Los propios jeroglíficos sufrieron una cierta evolución, sin que ello significase una modificación de los principios básicos.

El egipcio antiguo propiamente dicho es el del Imperio Antiguo (I-VI dinastía, del 3000 al 2200 a.C.), lengua en la que fueron redactados los *Textos de las pirámides*.

El «egipcio medio» o «egipcio clásico» es el del Imperio Medio (XI-XII dinastía); la mayor parte de las gramáticas describen esta fase de la lengua, por la que los egiptólogos comienzan sus estudios.

La famosa *Historia de Sinuhé*, por ejemplo, fue redactada en egipcio medio.

El «neoegipcio» es la lengua del Imperio Nuevo (XVIII-XXI dinastía); presenta innovaciones con relación a la lengua clásica, aunque sin cambios fundamentales.

En épocas más tardías, en particular durante el período ptolemaico, los sacerdotes crearon un gran número de nuevos signos jeroglíficos, cuyo desciframiento en ocasiones plantea problemas irresolubles. El funcionamiento de la lengua, sin embargo, permaneció fiel a la tradición.

Se puede afirmar por tanto que la lengua sagrada revelada por Tot a los sabios de Egipto estuvo en uso durante casi cuatro milenios, antes de ser resucitada por Champollion en 1822 y de conocer en la actualidad una nueva juventud.

Los egipcios ganaron su apuesta: más allá de la historia, de las invasiones y de la desaparición de su civilización, crearon una lengua inmortal.

Para llegar más lejos...

Los egiptólogos aprenden a leer los jeroglíficos gracias a dos grandes obras, constantemente reeditadas: Gustave Lefebvre, *Grammaire de l'égyptien classique* (primera edición, El Cairo, 1940); A. H. Gardiner, *Egyptian Grammar*[1] (primera edición, Londres, 1927).

La gramática de Gustave Lefebvre, muy austera, se presenta como un tratado que intenta introducir categorías gramaticales clásicas en la lengua jeroglífica.

La gramática de Gardiner procede de una manera diferente: se propone que se vayan descubriendo poco a poco las dificultades de la lengua jeroglífica, con numerosos ejemplos e incluso ejercicios (versiones y... temas), cuya corrección desgraciadamente sólo es conocida por los especialistas.

Desde la Segunda Guerra Mundial han aparecido muchas otras obras, particularmente en francés, inglés y alemán, como la *Grammaire élémentaire du moyen égyptien* de Buck (Leiden, 1952). Todas son muy áridas y utilizan un vocabulario gramatical extremadamente técnico que sin duda habría sorprendido mucho a los antiguos escribas egipcios. Y como siempre hay que volver a Gardiner y Lefebvre, conviene conocerlos.

Reconozcamos que no es fácil aventurarse a solas en el estudio de los jeroglíficos. Algunos superdotados

1. Dr. Alan H. Gardiner, *Egyptian Grammar: Being an Introduction to the Study of Hieroglyphics.*

lo logran, pero la mayoría de los aficionados siguen cursos tanto en universidades (París, Lille, Lión, Montpellier) como en instituciones privadas (París, Aviñón). La enseñanza dispensada es técnica y exige un enorme trabajo personal.

Para otros elementos bibliográficos, se puede consultar Christian Jacq, *Initiation à l'égyptologie*, Éditions de la Maison de Vie, 1993.

Índice

Introducción
EL PATO DE LOS JEROGLÍFICOS 11

Primera parte
AL ENCUENTRO DE LOS JEROGLÍFICOS 13

1. **La epopeya del desciframiento** 15
   He perdido mis jeroglíficos, o las angustias
   de Champollion 15
   «¡Lo tengo!», o los jeroglíficos descifrados 18

2. **¡Sagrados jeroglíficos!** 23
   ¡No toquéis mis jeroglíficos, están vivos! .. 25
   La escritura jeroglífica, una anciana dama
   muy joven 26

3. **¿Cómo funciona?** 29
   En los jeroglíficos se encuentra de todo ... 29
   ¡Por favor, su mejor perfil! 31
   Los jeroglíficos no tienen sentido 32
   La ortografía: un suplicio soslayado 33

4. **Un extraño alfabeto** 35
   Los signos del alfabeto egipcio y sus
   correspondencias fonéticas 41

Un sonido, dos sonidos, tres sonidos... ...   43

5. **Donde se aborda la cópula y se descubre que nuestras palabras más corrientes no son jeroglíficos**   45
    Ser y tener: desconocidos para los
        jeroglíficos   45
    Sí y no, bueno y malo   46

Segunda parte
UNA VIDA EN JEROGLÍFICOS   49

6. **¿Qué es la vida?**   51
    La vida es un espejo y una correa de sandalia   51
    La existencia es una flor y una liebre   53

7. **Encuentro con el faraón**   55
    El faraón, «la gran morada»   55
    El faraón es un junco y una abeja   56
    El faraón, V.S.F.   58
    El faraón, señor y servidor   59
    El faraón constructor   60
    Cartuchos que dan la vida   61
    Un Quién es Quién faraónico   62

8. **En la corte de los grandes**   67
    Ejercicio 1   69

9. **El cielo de los jeroglíficos no se nos caerá encima**   71
    El cielo sobre sus cuatro pilares   71
    El Sol tiene una cita con la Luna   72

10. **Tomemos el tiempo de los jeroglíficos** ...   75
    El año, el mes, el día y la hora   75
    Ayer, hoy, mañana   77
    El Egipto de las tres estaciones   78

11. **La naturaleza en jeroglíficos**   81
    ¡Qué verde era mi valle!   81
    El egipcio vivía feliz al pie de su árbol   82
    La crecida es un joven saltarín   84

12. **Los animales hablan**   87
    ¡Extrañas aves!   87
    Toro, león, carnero... sólidos mamíferos
      en los jeroglíficos   89
    Del cocodrilo a la abeja   91

13. **Una antigua historia: el hombre
    y la mujer**   93
    Una pareja inseparable   93
    La humanidad, o las lágrimas de Dios   93
    ¿El hombre es un cerrojo o la tela de
      un noble?   94
    El varón no se esconde   95
    La mujer es un pozo de agua fresca   96

14. **Cuando el cuerpo se hace jeroglífico**   99
    Actitudes elocuentes   99
    Un rostro muy expresivo 101
    La fortaleza está en el cuello 102
    Juego de manos 102
    ¡Tendamos la mano... para ayudar! 103
    Menear los pulgares 104
    Estirando las piernas 104
    Ejercicio 2 106

15. **El amor en jeroglíficos** 109
    ¿El amor? Una azada, un canal
      y una pirámide 109
    Amor, mi dulce amor ... y mi pobre «chéri» 110
    Para ser felices, seamos verdes como
      el papiro 111

16. **Padres e hijos** 113
Mi padre, esa serpiente 113
Mi madre, ese buitre 114
Me he tragado el haba 115
Cuernos... para abrirlo todo 115
Para nacer y crecer, tres pieles
y un escarabajo 116
El hálito vital, o el viento en las velas 117
Un hijo o una hija, o el retorno del
pato 118
El niño, ese ignorante 118

17. **El nombre** 121
Los últimos nombres egipcios: Susana
e Isidoro 123

18. **En la escuela de los jeroglíficos** 125
La enseñanza es una buena estrella 125
Las dos virtudes de un buen alumno:
estar en silencio y saber escuchar 126
La información: un asunto del corazón ... 126
El carácter hay que trabajarlo 127
Para ver claro, ¡un taladro! 128

19. **Leer y escribir** 129
Leer es tener un odre bien lleno 129
Escribir es dibujar 130
Un poco de correspondencia 130

20. **Contar y medir** 133
Hagamos cuentas 133
Unas cuantas medidas 135
Ejercicio 3 137

21. **Palabra de jeroglíficos** 139
La palabra es un bastón; la voz, un remo .. 139
La lengua, ¿un trono o una llama? 140

    Palabras que hay que decir... 141
    Que la palabra sea un nudo mágico 142

22. **Pensar en jeroglíficos** 143
    Conocer o caer 143
    Varias maneras de pensar 144

23. **Crear con jeroglíficos** 147
    El ojo es creador 147
    Un creador debe tener una jarra 148

24. **De la belleza y la verdad** 149
    Lo bello, lo bueno... 149
    La belleza está en el ojo 150
    La verdad es una pluma de avestruz 150

25. **En compañía de los dioses** 153
    Las divinidades en jeroglíficos 153
    Que las divinidades nos libren del mal 155

26. **Una buena casa en una buena ciudad** ... 159

27. **¡A la mesa!** 161
    Comamos y bebamos 161
    ¡A tu salud! 163
    Una cocina limpia 164
    Tres comidas al día 165
    Quien duerme, cena 166

28. **¡Mientras haya salud!** 167
    La salud está en el ojo 167
    Una energía inagotable 168
    ¡Arreglarse el pelo! 168
    Ejercicio 4 170

29. **El médico** 173

30. **La jornada laboral** 175
    Levantémonos con buen pie 175
    Para levantarnos, pongamos la escala 176
    Saludo al sol 177
    Vistámonos con sabiduría 178
    Cuando hay que ir... 179
    Fórmulas de cortesía 180
    En el trabajo 181

31. **Adquirir en jeroglíficos** 183
    ¿Poseer o ser poseído? 183
    El capital y los intereses 185

32. **El jeroglífico viajero** 187
    ¡Ah, los bellos viajes! 187
    El extranjero es Beber 188

33. **¡A las armas!** 191
    Todo un arsenal 191
    El arma más eficaz: la magia 192
    ¡Para guiar, bastón y cuchillo! 192
    Ejercicio 5 194

34. **Vejez y serenidad** 197
    Ser viejo es útil 197
    La serenidad es una mesa de ofrendas 198

35. **Jeroglíficos para la eternidad** 199
    Morir es amarrarse a un poste 199
    Una muerte muy viva 200
    ¡No robéis ni el ba ni el ka! 201
    Un menú para la eternidad 203
    Ejercicio 6 205

ANEXOS 207

El llamamiento a los vivos 209

Amón, señor de Karnak 211

La traducción del obelisco de la plaza
de la Concordia 213

Las distintas lenguas de los antiguos
egipcios 225

Para llegar más lejos... 227